Charlotte Zwiauer (Hg.)
Edith Kramer
Malerin und Kunsttherapeutin zwischen den Welten

Charlotte Zwiauer (Hg.)

Edith Kramer

Malerin und
Kunsttherapeutin
zwischen den Welten

Picus Verlag Wien

Gedruckt mit freundlicher Unterstützung des
Bundesministeriums für Wissenschaft und Verkehr und
der Magistratsabteilung 18 der Stadt Wien

Copyright © 1997 Picus Verlag Ges.m.b.H., Wien
Alle Rechte vorbehalten
Graphische Gestaltung: Dorothea Löcker, Wien
Druck und Verarbeitung: Theiss, Wolfsberg
Printed in Austria
ISBN 3-85452-412-9

Inhalt

Charlotte Zwiauer
Edith Kramer – Wien, Prag, New York,
Grundlsee und zurück
Vorwort 9

Ernst Federn
Edith Kramer – eine Weltbürgerin 12

Peter Heller
»Mummi« 13

Charlotte Zwiauer
Edith Kramer – zwischen den Welten 15

Karl Stockreiter
Edith Kramers kunsttherapeutischer
Ansatz – eine Gratwanderung
zwischen Psychoanalyse und Kunst 85

Karin Dannecker
Die Worte in der Kunsttherapie 98

Edith Kramer
Theorie und Praxis
in der Kunsttherapie 113

Zwei Fallgeschichten aus der
Praxis von Edith Kramer 125

Die Malerin Edith Kramer 131

Edith Kramer. Lebenschronik 142

Autorinnen und Autoren 145
Bildnachweis 146
Personenregister 147

Edith Kramer — Wien, New York, Grundlsee und zurück

Vorwort

Edith Kramer (geb. 1916 in Wien) konnte in der Emigration sowohl mit ihrer Erfahrung als bildende Künstlerin als auch mit ihrem Wissen um die Psychoanalyse wesentlich zur Entwicklung einer neuartigen Therapieform beitragen. Es gelang ihr, in New York im Umfeld der aus Wien vertriebenen »Psychoanalytic Community« die ersten Ansätze einer psychoanalytischen Kunsttherapie, wie sie in Wien im reformpädagogischen Milieu der Zwischenkriegszeit praktiziert wurden, theoretisch zu fundieren, als eigenständige Behandlungsform auszudifferenzieren und universitär zu verankern. Die von Kramer geprägte Disziplin der Kunsttherapie kann als ein Beispiel für das »Verschwinden« eines Wissensgebietes aus Österreich nach 1938 und deren Transfer in die Wissenskultur des Emigrationslandes angesehen werden.

In der Schwarzwald-Schule sowie in ihrem privaten Kunstunterricht machte Edith Kramer als Kind und Jugendliche Erfahrungen mit der fortschrittlichen Pädagogik ihrer Zeit. Junge Pädagoginnen und Pädagogen, häufig von den Idealen der Jugendbewegung geprägt, versuchten eine »Erziehung vom Kinde aus« zu finden. Dabei bemühten sie sich, entgegen den Abgrenzungsbemühungen rivalisierender Schuloberhäupter, um eine Synthese verschiedener psychologischer und pädagogischer Richtungen. Dies galt auch für die Kunstpädagoginnen Gertrude Hammerschlag und Friedl Dicker, von denen Edith Kramer unterrichtet wurde. Die beiden waren von der reformierten Kunstpädagogik Franz Cizeks und Johannes Ittens, von der universitären Psychologie um Karl und Charlotte Bühler sowie von pädagogisch engagierten Psychoanalytikern der zweiten Generation und psychoanalytisch orientierten Montessori-Pädagoginnen geprägt. Von ihnen übernahm Edith Kramer die Erkenntnis, daß der künstlerische Prozeß bei Kindern unter bestimmten Bedingungen therapeutisch wirksam sein kann, und zwar auch ohne Deutung der in den künstlerischen Produktionen zum Ausdruck kommenden unbewußten Inhalte, wie es in den Kinderanalysen üblich war.[1]

Edith Kramers Mutter, Josefine Kramer-Neumann, und ihre Tante, die Schauspielerin Elisabeth Neumann (spätere -Viertel), waren seit ihrer Teilnahme an der (jüdischen) Jugendkulturbewegung mit deren charismatischen Anführer Siegfried Bernfeld befreundet, Elisabeth Neumann war von 1930 bis 1934 mit ihm verheiratet. Die beiden standen im Mittelpunkt eines Kreises von liberalen Psychoanalytikern, Künstlern und Intellektuellen, zu dem neben dem Reformpädagogen und Psychoanalytiker Siegfried Bernfeld auch der Cousin der Neumanns, der Analytiker Otto Fenichel sowie Wilhelm und Annie Reich zählten. Der Kreis, in dem in gesellschaftspolitischen Fragen oft gegensätzliche Positionen zum psychoanalytischen Establishment vetreten wurden, traf alljährlich im Sommer in Grundlsee (Salzkammergut) zusammen. In dieser erweiterten Familie wurde Bernfeld für Edith Kramer bald zum Ersatz-Vater, von dem sie als Kind die Ideen psychoanalytisch orientierter Pädagogik zunächst praktisch und später in Diskussionen theoretisch vermittelt bekam.

Edith Kramer wuchs in einem Milieu von Bohemiens heran, in dem sich zahlreiche personelle Querverbindungen nachweisen lassen, wo bisher eher getrennte Sphären angenommen wurden. Die biographisch bedingten Vermischungen waren es wohl auch, die Kramer dazu prädestinierten, Psychoanalyse und Kunst zu verknüpfen. Hierbei wirkte in künstlerischer Hinsicht auch ihr Onkel väterlicherseits, der Lyriker Theodor Kramer prägend, mit dem sie schon früh einen spezifischen, vom Realismus ausgehenden Zugang zur Kunst teilte.

In der Emigration boten sich Edith Kramer für eine Weiterentwicklung ihrer ersten eigenen kunstpädagogischen Erfahrungen die geeigneten institutionellen Möglichkeiten. Amerikanischen Reformpädagogen galt das Zwischenkriegs-Wien als ein Zentrum neuartiger Erziehungsideen von hoher Reputation, und Vertreter dieser Wissensgebiete konnten damit rechnen, in den USA Elemente ihrer bisherigen pädagogisch-therapeutischen Tätigkeit einzubringen und an die neuen Gegebenheiten und Erfordernisse anzupassen. Im Fall von Edith Kramer und ihrer Kunsttherapie geschah dies ohne die für die Vertreter der Psychoanalyse oft beklagten Reduktionen – den Verlust gesellschaftlichen Engagements als Preis für den raschen Aufstieg dieser Disziplin. Ihren kunsttherapeutischen Ansatz entwickelte sie in der Arbeit mit verwahrlosten Kindern und Jugendlichen, die sich den bisherigen therapeutischen Zugängen über das Wort verweigerten. Indem sie in der Tradition der Wiener Psychoanalytiker sich dieser annahm und durch ihren spezifischen, von der Kunst ausgehenden Zugang zu ihnen, gelang es Kramer, einen in Österreich wurzelnden Ansatz in der Emigration weiterzuentwickeln.

Heute lebt Edith Kramer als Kunsttherapeutin und Malerin nach wie vor in denselben Vierteln New Yorks wie in den Jahren ihrer Ankunft. Täglich geht sie von ihrer Wohnung in der Lower East Side nach Greenwich Village in ihr Atelier oder zu ihren Lehrveranstaltungen an der New York University. Eines ihrer bevorzugten Sujets als Malerin sind die Menschen in den Subway Stationen New Yorks, die Außenseiter und Verlierer dieser Stadt, denen sie auch ihre therapeutische Arbeit widmete. Als Pionierin der Kunsttherapie folgt Edith Kramer zahlreichen Lehraufträgen an ausländischen Universitäten, vor allem im angelsächsischen Raum. Im Sommer kommt sie wie schon in ihrer Kindheit nach Grundlsee, ihre erste Heimat, wo sie sich ausschließlich der Malerei widmet.

Dieser Band beginnt mit einer Einleitung des Psychoanalytikers Ernst Federn (Wien) und einer Charakterskizze eines Jugendfreundes von Edith Kramer, des Historikers der Psychoanalyse Peter Heller (New York). Es folgt ein ausführlicher historisch-biographischer Teil, für den Edith Kramer zahlreiche Dokumente zur Verfügung gestellt hat. An dieser Stelle möchte ich Edith Kramer für ihre Geduld und ihre bemerkenswerte Offenheit, mit der sie mir diese Unterlagen in langen Gesprächen ausführlich erläutert hat, herzlichst danken. Karl Stockreiter (Wien) zeigt in seinem Beitrag, wie sich Kramers spezifischer Gebrauch vor allem Ichpsychologischer Begriffe als Leitfaden für die kunsttherapeutische Praxis produktiv auf die psychoanalytische Theorie der Sublimierung und des Symbols auswirken kann. Der Beitrag über »Die Worte in der Kunsttherapie« stammt von Karin Dannecker (Berlin), jener Schülerin Edith Kramers, die sich um eine Verknüpfung der schon weiter ausgereiften amerikanischen Kunsttherapie Kramerscher Prägung mit jüngeren Entwicklungen der Kunsttherapie in Deutschland bemüht. Schließlich behandelt Edith Kramer einige Aspekte der Theorie und der Praxis in der Kunsttherapie, wobei sie besonders ihre Vorstellung von der »Dritten Hand«, sowie die Rolle der Übertragung und Gegenübertragung im kunsttherapeutischen Prozeß ausführt. Anschließend daran werden zwei besondere Fälle aus Edith Kramers kunsttherapeutischer Praxis exemplarisch präsentiert. Der Band schließt mit einer Auswahl aus dem künstlerischen Werk Edith Kramers.

Der historisch-biographische Teil ist eine überarbeitete und erweiterte Fassung des

Kataloges zur 1996 in der Österreichischen Nationalbibliothek gezeigten Ausstellung über Leben und Werk Edith Kramers. Die Beiträge von Karl Stockreiter, Karin Dannecker und Edith Kramer gingen aus Vorträgen hervor, die auf einem Symposium anläßlich von Kramers 80. Geburtstag gehalten wurden.[2] Bei dieser Gelegenheit wurde Edith Kramers kunsttherapeutischer Ansatz in ihrem ehemaligen Heimatland erstmals umfassend vorgestellt.

Charlotte Zwiauer
Wien, im Sommer 1997

Anmerkungen

1 Die Vorformen der psychoanalytischen Kunsttherapie Edith Kramers im Wien der Zwischenkriegszeit waren Gegenstand eines 1995/96 vom Jubiläumsfonds der Österreichischen Nationalbank geförderten Forschungsprojektes (Projektnr. 5612).
2 Juli 1996, Polycollege Stöbergasse.

Ernst Federn

Edith Kramer – eine Weltbürgerin

Ich kenne Edith Kramer seit beinahe zwanzig Jahren. Es war im Sommer 1973, als meine Frau und ich beim Frühstück in einem Hotel in Brixen saßen und eine allein sitzende, einfach angezogene Frau bemerkten. Später hörte ich sie einen Vortrag im Lehrkurs für Kinderärzte, den Prof. Gerd Biermann organisiert hatte, halten. Sie sprach über Kunsttherapie, lebhaft und klar. Wir stellten uns vor und wurden schnell Freunde. Edith Kramer, unter Freunden Mummi genannt, erwies sich als eine hervorragend ausgebildete, psychoanalytisch orientierte Therapeutin. Daß sie auch eine ausgezeichnete Malerin war, erfuhren wir erst später. 1984 machte sie ein Portrait von mir, das auch in Wien ausgestellt war. Wir haben ihre Bilder oft in ihrem Atelier in New York und in ihrem Haus in Grundlsee bewundert, wo sie mit ihrer Tante Elisabeth Neumann-Viertel, der bekannten Schauspielerin, in den Sommermonaten lebte. Ihre gemalten Bäume, Blumen und Landschaften haben einen besonderen Reiz.

Bemerkenswert aber ist, daß Edith Kramer am täglichen Leben in New York so großes Interesse gefunden hat. Sie zeichnet die Menschen, die in der U-Bahn fahren und schuf in jahrelanger Arbeit ein großes Mosaik von einer U-Bahn Station. Aber genauso interessieren sie die Menschen, die in Grundlsee wohnen. An diesem Ort malt sie hoch in den Bergen in einer kleinen Almhütte wochenlang ihre Bilder.

Edith Kramer ist aber nicht nur Malerin, sondern auch Autorin: Auf »Art as Therapy with Children«, das 1971 erschien, folgte 1979 »Childhood and Art Therapy« und bereits 1958 hatte sie ein Buch über ihre Arbeit in der Wiltwyck School publiziert. Wir verstehen uns schon deswegen so gut, weil Edith Kramer die Behandlung des Ichs als ihr Hauptziel betrachtet und wir uns in unseren theoretischen Auffassungen vollkommen einig sind. Edith Kramer ist eine Weltbürgerin geworden und hält Vorträge in allen Kontinenten, wo auch ihre Bilder gezeigt werden. Dies ist nicht verwunderlich, denn sie hat eine bewegte und ungewöhnliche Lebensgeschichte. Als Kind einer Mutter aus bürgerlicher Familie und eines überzeugten Kommunisten, im Ersten Weltkrieg geboren, wurde sie von ihrer Tante, der Schauspielerin, miterzogen. Sie hatte auch mehrere Väter, darunter Siegfried Bernfeld, der charismatische Jugendführer und bedeutende Psychoanalytiker. Mit 20 Jahren verlor sie unter tragischen Umständen ihre Mutter, mit 22 mußte sie aus Österreich emigrieren. Sie ging in die Vereinigten Staaten und mußte sich dort selber durchbringen. Von Annie Reich analysiert, arbeitete sie in der Wiltwyck School in New York und behandelte dort verwahrloste Kinder. Die Schule wurde zwar von einem Individualpsychologen, Ernst Papanek, geleitet, was aber ihre Therapiearbeit nicht behinderte.

Es folgten Lehraufträge an der New School for Social Research, bis sie schließlich an der New York University als Adjunct Professor of Art Therapy arbeitete.

Edith Kramers Bücher sind eine Grundlage für die psychoanalytisch orientierte Kunsttherapie und sie wurden in sieben Sprachen übersetzt. Ihr 80. Geburtstag wurde in Wien mit einer umfassenden Ausstellung gefeiert und dieses Buch soll ihr Leben und ihr Werk vorführen und würdigen.

Peter Heller
»Mummi«

War ich acht und sie zwölf Jahre alt? Ich habe Edith Kramer, die oder das Mummi, nun seit nahezu siebzig Jahren gekannt; und sie war immer so unverkennbar und einzigartig und ihrem Wesen treu, wie sie es bis heute geblieben ist.

Scheu, eher unwirsch, österreichischem Ton höflicher Floskeln abgeneigt, erschien sie mir als Einsiedlerin schon, als sie, frühreif, witzige Karikaturen und Plakate für die ausgelassenen Ferienfeste der linken Intellektuellen anfertigte, die jeden Sommer in den frühen dreißiger Jahren im Umkreis von Siegfried Bernfeld, dem revolutionären Pädagogen und Psychoanalytiker, und seiner damaligen Frau, Mummis Tante, der Schauspielerin Lisl Neumann, in Grundlsee gefeiert wurden.

Auch heute, immer noch, haust ja die Mummi mitunter tage- und wochenlang allein in einer Almhütte hoch über dem Grundlsee, um Blumen, Felsen, Wald und Himmel zu malen. Den größeren Teil des Jahres allerdings wohnt sie in einem Armenviertel von Manhattan, malt Städter, Großstadt, Maschinen oder stellt etwa charakteristische Gestalten der unterirdischen Welt der New Yorker Subway mit unermüdlichem Fleiß, traditionell-solider Technik und realistischer Akribie in einem meisterlichen Mosaik dar.

Hinter der zudringliche Vertraulichkeit abwehrenden, rauhen Weise steht ein sensibles, den Menschen und der Welt in Wahrheit wohlwollendes und zugetanes Wesen. Aber gerade bei solcher Liebesaffäre mit der Welt hat man Ursache, dieser Welt, wie sie nun einmal ist, auch zutiefst zu mißtrauen. Dazu kommt bei der weithin anerkannten Praktikerin und Theoretikerin der Anwendung von Kunst als Therapie, daß sie mit einer illusionslosen Beobachtungsgabe und einem dialektischen, auf sozio-psychologische Analyse und Kritik bedachten und zu lehrhafter Dogmatik neigendem Intellekt begabt ist.

So war sie, ohne allzuviel Zweifel oder Widerspruch zu dulden, ihrer Sache immer sicher, obschon sich unser frühes, auf einer Legierung von Marxismus und Psychoanalyse bestehendes Credo auch bei ihr im Lauf der Jahrzehnte zu einer bescheideneren, differenzierteren Weise, die Dinge zu sehen, wandelte. Sie blieb dabei einer menschlich, allzu-menschlichen Sphäre nah und begnügte sich mit dem humanitären Atheismus, in dessen ideologischen Grenzen wir aufwuchsen, auch als Theoretikerin, wie zum Beispiel in dem Versuch, Biologie oder Verhaltensforschung mit Psychoanalyse in Verbindung zu bringen. Dasselbe gilt wohl auch für ihre mit-menschliche Empathie und Sympathie für Kinder und Frauen. Ihrer Herkunft – ihrem Vater, ihrem Onkel, dem Dichter Theodor Kramer, sowie ihrem Zieh-Vater Bernfeld – entspricht nach wie vor ihr ausgeprägtes soziales Gewissen und ihre passionierte Verachtung und Ablehnung der Weltherrschaft kapitalistisch-kommerzieller Gesinnung. Ihre Sorge gilt dem Überleben der Menschen und menschlicher Werte, die ein, von dem Diktat der Ausbeutung, dem Kalkül des Profits, mechanisiertes und regiertes Dasein bedroht.

So ungefähr sehe ich sie, stelle ich sie mir vor, mag dieser Versuch charakterisierender Abstraktion auch kaum etwas von der ungemein sympathischen Art der mir ein Leben lang Befreundeten vermitteln.

New York, im Jänner 1997

Charlotte Zwiauer

Edith Kramer – zwischen den Welten

1.
Felix Neumann (1862–1953) und Anna Neumann-Lichtblau (1874–1940)

2.
»Knurrland«

3.
Josefine (Pepa) Kramer-Neumann (1897–1937)

4.
Elisabeth Neumann (1900–1994)

5.
Max Kramer (1867–1935) und Betty Kramer-Doctor (1869–1943)

6.
Richard Kramer (1893–1976)

7.
Theodor Kramer (1897–1958)

8.
Edith Kramer: 1916–1934

9.
Psychoanalytiker, Künstler, Intellektuelle

10.
Franz Cizek (1865–1947)

11.
Kunstpädagogik und psychoanalytische Pädagogik

12.
Viktor Löwenfeld (1903–1960)

13.
Friedl Dicker (1898–1944)

14.
Edith Kramer: Prag 1934–1938

15.
Zeichenunterricht in Theresienstadt

16.
Edith Kramer: New York 1938–1950

17.
Psychoanalytische Kunsttherapie

18.
Zwischen den Welten

1. Felix Neumann (1862–1953) und Anna Neumann-Lichtblau (1874–1940)

Edith Kramers Großeltern mütterlicherseits waren jüdischer Herkunft. Sie lebten mit ihren Kindern Paul, Helene, Josefine (Pepa, Edith Kramers Mutter) und Elisabeth in der Hamburgerstraße 4, in der Nähe des Naschmarkts. Im selben Haus wohnte der Vater der Großmutter Edith Kramers, Adolf Lichtblau, ein angesehener jüdischer Wiener Bürger. Der Herausgeber einer Zeitung für das Brauereigewerbe (namens Gambrinus) trug den Titel »kaiserlicher Rat« und war mit Karl Lueger befreundet, der zu jüdischen Festtagen oft als Gast zur Familie kam. (Fallend/Reichmayr, 1992, S. 130) Der Großvater Edith Kramers leitete die Zweigstelle einer Glasfabrik.

Herbert Fuchs, der um 1922 psychoanalytische Sitzungen mit Pepa Kramer-Neumann abhielt, beschreibt die Familie folgendermaßen: »Die Familie unserer beiden Schwestern, die Familie Neumann, ist eine wohlhabende jüdische Familie in Wien. In der Familie sind vier Kinder: Paul, fünf Jahre älter als Pepa, Helene, drei Jahre älter als Pepa, Pepa und Elisabeth, drei Jahre jünger als Pepa. Das Leben der Kinder spielt sich an der Peripherie der Stadt, in einer geräumigen Wohnung ab, später (…), als die Familie nach dem Tod der Großmutter in das Haus des Großvaters zieht, in dessen Wohnung im ersten Stock und in der Wohnung der Eltern im zweiten Stock. Jedes Jahr fährt

Edith Kramers Familie mütterlicherseits: Die Großeltern Felix Neumann (1862–1953) und Anna Neumann-Lichtblau (1874–1940), ihr Onkel Paul, ihre Tanten Elisabeth und Helene sowie ihre Mutter Josefine (Pepa).

Die Familie gegen Jahresende 1937 bei einem der letzten Zusammentreffen vor der Emigration: Felix Neumann und Anna Neumann-Lichtblau, Elisabeth Neumann, Felix Wolff und Helene Wolff-Neumann, Paul Neumann mit Ehefrau.

die Familie auf mehrere Wochen zur Sommerfrische aufs Land, gewöhnlich mehrere Jahre nacheinander in denselben Ort. Die Kinder, an denen auch sonst nicht viel ›erzogen‹ wird, werden hier in der Sommerfrische gewöhnlich völlig sich selbst überlassen, schließen Freundschaften aller Art und hier entstehen auch viele neue Spiele: Die Kinder erfanden und spielten eine Menge von Spielen; von Pepa wurden im ganzen neun mit Namen genannt. Es war gewöhnlich so, daß die beiden jüngsten Schwestern sich von den anderen beiden Geschwistern abschlossen, nur als Pepa und Elisabeth noch sehr klein waren, (...), spielten sie auch mit Helene.

Der Vater spielte im Leben der Kinder, insbesondere der jüngeren, eine große Rolle. Er war die ›Respektsperson‹. Durch seine berufliche Tätigkeit als Fabrikant selten zu Hause, verfehlte er es doch nicht, mit den Kindern zu spielen, ihnen selbsterfundene orientalische Märchen zu erzählen, und anderes mehr. Sein Lob in irgendeiner Sache bedeutete für das ausgezeichnete Kind die größte Freude.

Ganz im Gegensatz zu ihm hatte die zehn Jahre jüngere Mutter alles eher denn Autorität bei den Kindern, was auch die Aussage Pepas: ›Wir haben vor ihr (der Mutter) immer so gesprochen, wie wir gesprochen haben, wenn wir alleine waren (...)‹ ausdrückt. Sie war zu schwach und unenergisch, um den Kindern gegenüber nachdrücklich auftreten zu können. Ihr Lieblingskind war Paul.« (Fuchs, 1922, S. 147 f.)

Felix und Anna Neumann emigrierten 1940 nach New York, Elisabeth Neumann hatte ihnen, ebenso wie ihren Geschwistern Paul und Helene und deren Ehepartnern, ein Affidavit besorgt.

2. »Knurrland«

Pepa und Elisabeth spielten das »Knurrland«-Spiel, sowie andere selbst erdachte Spiele von ihrem achten beziehungsweise fünften, bis zu ihrem 17. beziehungsweise 14. Lebensjahr fortlaufend miteinander. Gerhard Fuchs verfaßte über das Spiel einen Beitrag, der 1922 in dem von Siegfried Bernfeld im Internationalen Psychoanalytischen Verlag herausgegebenen Band »Vom Gemeinschaftsleben der Jugend« erschien. Dafür hielt er mit der älteren Schwester Pepa siebzehn Sitzungen ab, unter Beachtung der psychoanalytischen Grundregel zu erzählen, was sie wisse. Pepa war zu diesem Zeitpunkt bereits fünf Jahre verheiratet. Fuchs verwendete zudem die noch vorhandenen vierzehn Zeitungen, Extrablätter, Briefe und Stammbucheintragungen, die aus diesem Spiel stammten.

Pepas Erzählungen waren für Gerhard Fuchs von besonderem Interesse: »Sie war es, die die Sprache ausdachte, in ihrer Phantasie entstanden die verschieden gestalteten Länder, Geister, Gegenstände. Immer und immer wieder schuf sie neue Teile des Spieles oder neue Spiele.« (Fuchs, 1922, S. 147)

»Mein Traumland hieß Knurrland«, so erinnerte sich Elisabeth Neumann-Viertel, »und ich war darin der Kaiser Murendin Danda, und meine Schwester Pepa eine Art Minister oder Großwesir mit dem Namen Florian da Erlogene. (...) Als Kaiser trug ich ein rotes Gewand, darüber einen dunkelfarbigen Talar, auf dem Kopf eine hohe, spitz zulaufende Papiermütze. Mit Ketten behängt ging ich würdevoll durch die imaginäre Volksmenge der Knurrländer, die mir ›Hoch, Murendin Danda‹ zuriefen. Huldreich dankte ich ihnen immer wieder auf knurrisch, indem ich ihnen immer wieder ›schimbus‹ antwortete, was auf deutsch ›danke‹ hieß.« (Neumann-Viertel 1994, S. 20)

Durch die Analyse von »Knurrland«, die von den Kindern selbstgeschaffene Welt, lassen sich die unbewußten Wünsche der Kinder erschließen: »Die erstaunlichste Korrektur, die das Spiel an der Familienstruktur vornimmt, ist wohl die völlige Eliminierung des Kindschaftsverhältnisses aus ihm. Nicht allein, daß Pepa und Elisabeth als Niemandes Kinder erscheinen, in den allumspannenden Phantasien kommen überhaupt keine Kinder vor. Die Wunschwelt der Kinder setzt der wirklichen entgegen: wir haben keine Geschwister, wir sind ein Brüderpaar völlig ohne Konkurrenten – und wir haben keine Eltern, es ist, als wären wir unsere eigenen Eltern.« (Fuchs, 1922, S. 181 f.)

Jahre später verlieh Elisabeth Neumann ihrem Mann Siegfried Bernfeld die Ehrenbürgerschaft von »Knurrland« und nahm ihn als »Brasbilla«, den zu groß geratenen Zwerg, auf in ihr Reich und ernannte ihn zum »Lustknaben seiner Majestät«. Edith Kramer wurde als Hofmaler in das Spiel miteinbezogen.

Edith Kramer erinnert sich an die Spiele ihrer Mutter und ihrer Tante

Fuchs beschreibt die Wunschphantasien, die im »Knurrland« enthalten sind, übersieht aber die Ironie des Ganzen – eine Ironie der Kindheit. Sie ist auf die nur drei Jahre jüngere Schwester projiziert, bezieht sich im Grund aber ebenfalls auf die Erfinderin des Spieles, die ja auch noch ein Kind war.

Das kommt schon in der »Knurrsprache« zum Ausdruck. Denn das Kleinkind fängt damit an, unverständliche Laute zu formen, die aber schon den Tonfall der Muttersprache haben – nur hat das Lallen des Säuglings hauptsächlich Vokale, während die »Knurrsprache« von starken Konsonanten geprägt ist, die der Säugling noch nicht produzieren kann, also eine Mischung von Säuglingssprache und Erwachsenensprache. Lisl hat diese Mischung noch in ihrer Beziehung zu Berthold Viertel verwendet. Wenn er einen seiner Wutanfälle hatte und keiner vernünftigen Ansprache zugänglich, dann hat Lisl ihn auf »knurrisch« in beruhigendem Tonfall, aber ohne Worte angeredet.

Die Ironie kommt auch in der geschraubten Sprache der »knurrischen« Zeitung heraus: eine Parodie der offiziellen Sprache, in der

Nachrichten über das Kaiserhaus geschrieben waren. Man muß bedenken, wie sehr die Beziehung zum alten Österreich, besonders bei Juden, von Ironie durchsetzt war, Nestroy war immer zugegen. Auch der Größenwahn des Kaisers von »Knurrland« war voll Ironie, denn man hat ja immer wieder vergessen, »Bischingo« zu sagen.

Ich erinnere mich noch an »Knurrland«-Spiele der beiden erwachsenen Schwestern, da war Murendin Danda durchaus eine groteske Figur. Die »Krankheit« der Muflonen, seiner Untertanen, hatte wohl ihren Ursprung in der anatomischen »Benachteiligung« der Mädchen. Aber auch hier wurde umgedeutet, denn die Muflonen litten an »Vergscheiterung«. Ihr Gehirn war so schnell und groß gewachsen, daß sich die Fontanellen nicht schließen konnten, sie waren gewissermaßen übergescheite Säuglinge. Die Erfahrung der Dreijährigen, daß das neugeborene Schwesterchen einen weichen Kopf hatte, spielt da wahrscheinlich mit. Denn einerseits ist Vorsicht geboten – aber man könnte den Säugling auch leicht umbringen.

Interessant ist die Einbeziehung von Bernfeld in das Spiel. Als »Brasbilla, der zu groß geratene Zwerg« war er auch ein Mufla und litt wie alle Muflonen an Vergscheiterung. Dabei wurde auch Angst und Sorge bewältigt, denn Bernfeld war wirklich kein gesunder Mensch. Er hatte als junger Mann Tuberkulose und war immer anfällig.

Lisl benützte das Spiel bis ins hohe Alter. Wenn sie einmal gefallen war, sagte sie: »Ich habe vergessen, Bischingo zu sagen.« Also gibt es immer noch ein Zauberwort, das einen beschützen könnte.

Ich weiß nicht, wann das »Joachim«-Spiel begonnen hat. Vielleicht etwas später als das »Knurrland«-Spiel. Beide Spiele liefen parallel und wurden auch, als die Schwestern erwachsen waren, weitergespielt.

Es begann mit einer Negermaske. Eine Art durchsichtiger schwarzer Strumpf wurde über den Kopf gezogen. Darauf wurden ein paar große Augen (schwarze Kreise auf weißem Grund) und ein paar wulstige rote Lippen mit Gummibändern angebracht. (Die Maske hat in meiner Kindheit noch existiert.) Aus dieser Negermaske wurde dann ein Affe: Jocko – oder vielleicht hat der Neger einen Affen namens Jocko gezähmt. Jedenfalls bildete sich dieser Affe bald ein, ein Mensch zu sein, sogar ein Ritter: »Joachim Ritter von Dämpfhofstein zu Dämpfhofhausen über Billrotbatist«. Lisl spielte diesen Ritter. Er hatte ein unbesiegbares Schwert »Sigmerald« und ein Roß »Esmeralda«. Joachim hatte die Aufgabe, seinen Großvater aus der Hölle zu befreien, in der er von Teufeln, »Ramsamperln«, festgehalten wurde. Vor diesen fürchtete Joachim sich panisch, besonders wenn sie knurrende Laute von sich gaben. Die Ramsamperln wurden von Pepa dargestellt. Joachims Bemühen war natürlich erfolglos. Er befrei-

Im selbsterfundenen »Knurrland« spielte Elisabeth Neumann, spätere Neumann-Viertel (1900–1994), die Rolle des »Kaiser Murendin Danda«. Im Spiel stolzierte der Kaiser durch sein Reich, das Knurrland, und auf die Hochrufe seiner Untertanen, der Muflonen, antwortete er stets mit »schimbus«, was auf »knurrisch« soviel wie »danke« bedeutete.

te weder den Großvater noch errang er die Liebe seiner schwedischen Herzensdame.
Joachim sprach »joachimisch«. Es war ein seltsames, aber verständliches Deutsch, nur verballhornt und künstlich. Man konnte Joachim tief kränken, indem man sagte: »Du bist ja gar kein Mensch, du bist ja ein Affe, du bist sogar eine Äffin!« Dann antwortete er: »Joachim kein Affe, Joachim Mensch«.
Das Wort Ramsamperl stammt aus einem (noch existierenden) Kinderbuch, in dem so ein Teufelchen vorkommt. In diese Struktur wurden viele Deklamationen eingebaut, alle auf joachimisch verballhornt und parodistisch aufgesagt. Das Hauptstück war der erste Monolog der Jungfrau von Orleans: »Lebt wohl ihr Berge, ihr geliebten Triften (...)«. Auch der letzte Monolog mit Apotheose wurde gegeben.
Pepa schneiderte Joachim ein Ritterkostüm: grün mit einem großen roten Herz auf dem Popo. Auch ein Ritterschwert aus Pappendeckel wurde von ihr fabriziert. Sie hatte in diesem Stück nur die Funktion der Schneiderin, des Regisseurs und des furchterregenden Ramsamperls. Joachim agierte allein ohne andere Gestalten. Auch dieses Spiel hat sich im Erwachsenen-Leben erhalten, die Monologe, besonders der Jungfrau, wurden noch in Grundlsee oft nackt gesprochen. Ich kann noch das meiste auswendig.
In diesem Spiel wurde anfangs der kindische Größenwahn parodiert. (Lisl schwärmte zum Beispiel wirklich für eine schwedische Turnlehrerin und war äußerst exaltiert.)
Es scheint klar, daß solche Kinderspiele zur Entwicklung einer Charakterschauspielerin und Kabarettistin führen mußten.
(Kramer, 1992)

3. Josefine (Pepa) Kramer-Neumann (1897–1937)

Edith Kramers Mutter »besuchte eine der öffentlichen Wiener fünfklassigen Volksschulen, in der sie in den ersten zwei Jahrgängen eine Klassenlehrerin hatte, die sie sehr liebte. Nachher absolvierte sie vier Klassen eines Mädchenlyzeums. Wegen ›Unfugs in den Unterrichtsstunden‹ mußte sie diese Anstalt verlassen und besuchte die fünfte Klasse einer ähnlichen Anstalt (die Schule Eugenie Schwarzwalds, Ch. Z.), blieb dann ein Jahr zu Hause, um schließlich in eine gewerbliche Lehranstalt (die Graphische Lehr- und Versuchsanstalt, Ch. Z.) einzutreten. Mit 16 Jahren kam sie mit der Wiener Jugendkulturbewegung in Berührung, besuchte den Sprechsaal Wiener Mittelschüler, gehörte der musikalischen Gruppe und der Hetairie M. an.« (Fuchs, 1922, S. 147) Zu dem jugendbewegten Kreis, der sich in Wien um 1913/14 formierte, kam sie vermutlich durch ihren Cousin Otto Fenichel, er war neben dem Psychologiestudenten Siegfried Bernfeld eine der zentralen Figuren der revoltierenden Jugendlichen. Hier lernte Pepa Neumann auch ihren künftigen Ehemann Richard Kramer kennen, der wie sein Bruder Theodor durch seine künstlerische Begabung auffiel. (Scheu, 1985, S. 26) Der Einfluß der Jugendkulturbewegung auf Pepa äußerte sich nach Fuchs darin, daß sie mit etwas mehr als 17 Jahren ihr Elternhaus verließ, um gegen den Willen ihrer Eltern, insbesondere ihres Vaters, Richard Kramer zu heiraten. 1916 wurde ihre Tochter Edith geboren.

Die aufbegehrenden Wiener Jugendlichen meist jüdischer Herkunft gebärdeten sich unter dem Einfluß der Psychoanalyse in ihrer Rebellion gegen die Eltern-Generation weit radikaler als das Gros der deutschen Jugendbewegten. (Fallend, 1992, S. 50) Sie nahmen insbesondere in der Geschlechterfrage eine konträre Position, etwa zum deutschen Wandervogel, ein. Während dieser das getrennte Wandern propagierte und Keuschheit das Losungswort war, forderte die Jugendkulturbewegung die Aufhebung aller

Mutter und Tochter: Josefine (Pepa) Kramer (1897–1937) mit der vier Monate alten Edith, »Mummi«, Weihnachten 1916 und im Frühjahr 1917.

Pepa Kramer Ende der zwanziger Jahre in Wien. In den Jahren von 1924 bis 1929 lebte Pepa Kramer mit Edith bei ihrer Schwester Elisabeth in Berlin. Pepa war in dieser Zeit eng mit dem Surrealisten Hans Bellmer befreundet, der hier mit einem seiner Kunstwerke zu sehen ist.

Konventionen zwischen den Geschlechtern und gab die erotische Beziehung als solche frei. Um 1915 proklamierten die gegen die bürgerliche Sexualmoral aufbegehrenden Jugendlichen zum Schrecken der Eltern-Generation in ihren Zusammenkünften völlige sexuelle Freiheit. (Jungmann, 1936, S. 687)

Die Wiener Jugendkulturbewegung hatte trotz aller Naturschwärmerei intellektuellen Charakter und unterschied sich auch darin von der bündischen Jugend: Im Stil der deutschen Wandervögel zogen die Jugendlichen am Sonntag hinaus, so Käthe Leichter, »um zu wandern und auf großen Wiesen zu lagern und – das war nun einmal das Lebenselement dieser Wiener Jugendbewegung – Probleme zu diskutieren. Denn sie bestand eben vor allem aus intellektuellen Burschen und Mädchen, mochten Haare und Gewänder noch so flattern, ihre Klampfen erklingen und sie altdeutsche Reigen tanzen.« (Leichter, 1973, S. 332) Der Anführer der Jugendbewegten, Siegfried Bernfeld, spricht 1916/17 von einem »Gleichgewicht im Bedürfnis (der jüdischen Jugend) nach Natur, Sport, Spiel, Reflexion, Rede, Schweigen« (Bernfeld, 1916/17, S. 175), womit er im

Zwei Bilder von Pepa Kramer aus dem Jahr 1936. Die Sommermonate verbrachte sie mit ihrer Tochter Edith, ihrer Schwester Elisabeth und einem großen Freundeskreis aus ihrer Zeit als Jugendbewegte, jedes Jahr am Grundlsee. Edith Kramer setzt diese Tradition der Sommerfrische in Grundlsee bis heute fort.

zeitgenössischen Diskussionszusammenhang gesehen, eine pointierte Aufwertung der Reflexion vornimmt. Bernfeld wendet die Intellektualität der jüdischen Jugendlichen bewußt in eine Tugend, von der es in der antisemitischen Propaganda hieß, sie »zersetze« die Naivität des jugendlichen Gemüts. (Mattenklott, 1985, S. 346) Von diesem geistigen Klima wurden die Eltern Edith Kramers und ihre Freunde, darunter Edith Kramers spätere Lehrerinnen, die Kunstpädagoginnen Trude Hammerschlag und Friedl Dicker sowie ihre Analytikerin Annie Reich als Jugendliche geprägt.

Als ihre Tochter ungefähr vier Jahre alt war, begann Pepa Kramer in der Wohnung der Eltern Kleider zu entwerfen, die sie teils auch selbst anfertigte. Von 1924 bis 1929 lebte Pepa mit ihrer Schwester Elisabeth Neumann, zu der sie ein inniges Verhältnis hatte, in Berlin. Hier war sie eng mit dem Surrealisten Hans Bellmer befreundet. 1925 zog Siegfried Bernfeld zu den beiden Schwestern; Elisabeth war mit ihm von 1930 bis 1934 verheiratet. 1937 beging Pepa Kramer Selbstmord. Edith Kramer war zu diesem Zeitpunkt 20 Jahre alt.

4. Elisabeth Neumann (1900–1994)

Nach der Volksschule besuchte Elisabeth Neumann gemeinsam mit ihrer älteren Schwester Pepa die Schule von Eugenie Schwarzwald: »Wir Schüler wurden fast immer instinktiv von Schwarzwalds Wesen erfaßt, in unseren Fähigkeiten bestätigt, in unserer geistigen Entwicklung gelenkt. Diese wunderbare Frau zeigte mir meine Möglichkeiten und gab mir Ziele, durch sie wurde in mir das Bewußtsein geweckt, daß ich mit jeder Situation des Lebens fertig werden könne. So wie viele andere Menschen, die das Glück hatten, ihr zu begegnen, verdanke ich ›Fraudoktor‹ einfach alles, was mir das Leben in guten Zeiten schön und wertvoll, in schlechten aber erträglich gemacht hat.« (Neumann-Viertel, 1994, S. 34)

»(...) Fraudoktor hatte sehr bald meine Vorliebe für das Theatralische und meine Freude an der Rezitation von Gedichten herausbekommen, wofür ich dann bei verschiedenen Schulfesten immer wieder eingesetzt wurde. Als (...) 1916 Kaiser Franz Joseph (...) starb, kam ›Fraudoktor‹ in meine Klasse und rief mich hinaus: ›Liesl, wir machen morgen vormittag eine Trauerfeier für den Kaiser. (...) das Gedicht lernst du auswendig.‹ (...) Am nächsten Tag stand ich mit ein bißchen Herzklopfen in unserem Festsaal auf dem Podium und habe das Gedicht aufgesagt.« (Neumann-Viertel, 1994, S. 38)

»Nach Abschluß der Schule nimmt Elisabeth Neumann Schauspiel- und Sprachunterricht und geht mit 19 Jahren nach München, wo sie an den Kammerspielen engagiert wird. Über das Theater in Brünn kommt sie nach Berlin, wo sie unter anderem mit Max Reinhardt, Leopold Jessner, Viktor Barnowsky und Erwin Piscator arbeitete. In Berlin lebte sie ab Ende 1925 mit Siegfried Bernfeld zusammen, die (jüdische) Hochzeit wurde 1930 in Bad Aussee gefeiert. Anfang 1933 trennten sich die beiden, im Frühjahr 1934 kehrte Elisabeth Neumann nach Wien zurück und in diesem Jahr erfolgte auch die offizielle Scheidung.« (Fallend/Reichmayr, 1992, S. 130 f.)

Elisabeth Neumann in der Rolle der Donna Clara in einer Aufnahme aus dem Film »Don Gil von den grünen Hosen«, in dem Elisabeth Bergner die Hauptrolle spielte (oben). Eugenie Schwarzwald, die Gründerin der gleichnamigen Schule, die viel dazu beitrug, daß Elisabeth ihre Begabung und ihr schauspielerisches Talent schon früh erkannte und weiterentwickelte (unten). Eugenie Schwarzwald war eine der prägendsten Persönlichkeiten der Kindheit und Jugend Elisabeth Neumanns.

Elisabeth Neumann (stehend) in einer Aufführung in der Schwarzwald-Schule. Eugenie Schwarzwald erkannte das junge Talent und ließ Elisabeth bei verschiedenen Anlässen in der Schule auftreten.
Der Festsaal der Schwarzwald-Schule, einer Privatschule mit Öffentlichkeitsrecht, in dem Elisabeth ihre ersten Darbietungen geben durfte, wurde vom Architekten Adolf Loos gestaltet.

Elisabeth Neumann in einer Aufnahme von Trude Fleischmann (links oben). Elisabeth Neumann während der zwanziger Jahre (daneben). Siegfried Bernfeld (1892–1953) war einer der Anführer der jüdischen Jugendkulturbewegung, der sowohl Pepa als auch Elisabeth stark beeinflußte (links unten). Elisabeth Neumann und Siegfried Bernfeld im Jahr ihrer Hochzeit 1930 (daneben). Elisabeth war von 1930 bis 1934 mit dem anerkannten Psychoanalytiker verheiratet. Pepa Kramer war beiden innig verbunden, und in der Berliner Zeit teilten sie eine Wohnung. Elisabeth Neumann-Bernfeld während ihrer Zeit in Berlin am Wannsee (rechts oben). Elisabeth Neumann 1937 in Wien als Frau Professor Wimmer in »Matura«, ein ›böses Ramsamki‹, wie sie Edith Kramer auf einer Postkarte schrieb (rechts unten).

Elisabeth Neumann in einem Kostüm einer Aufführung des Berliner Kabaretts »Katakombe«, Ende der zwanziger Jahre.

1933, nach dem Erstarken des Nationalsozialismus in Berlin, wurde Elisabeth Neumann in Karl Franks Gruppe »Neu Beginnen« politisch aktiv. Von 1935 bis 1937 spielte sie im Kabarett »Literatur am Naschmarkt« in Wien. Hier befreundete sie sich mit Jura Soyfer, dessen politische Arbeit sie im Rahmen der »Roten Hilfe« kurzfristig unterstützte. Im März 1938 konnte sie über Zürich, Paris und London als erste ihrer Familie nach New York emigrieren und dort nach einiger Zeit ihre Theaterarbeit fortsetzen, zunächst mit ehemaligen Kollegen von der »Literatur am Naschmarkt«. Später war sie auch bei Filmarbeiten in Hollywood engagiert. 1948 folgte sie dem Regisseur Berthold Viertel, den sie bereits von Berlin her kannte und 1949 heiratete, nach Wien. Nach dessen Tod im Jahr 1953 arbeitete sie vor allem an Münchner Theatern. Im Alter kehrte Elisabeth Neumann endgültig nach Wien zurück. Die Ferien verbrachte sie wie vor der Emigration in ihrem Haus am Grundlsee, ab Mitte der fünfziger Jahre gemeinsam mit ihrer Nichte Edith Kramer. (Neumann-Viertel, 1984)

5. Max Kramer (1867–1935) und Betty Kramer-Doctor (1869–1943)

Edith Kramers Großvater väterlicherseits, Sohn eines Schneiders, war Gemeindearzt in Niederhollabrunn. Er kam wie seine Frau aus einer jüdischen Familie und um seine Söhne Richard und Theodor vor antisemitischen Erfahrungen zu bewahren, hielt er sie von der Straße fern und unterrichtete sie selbst. Viel Anregung war dabei (nach Edith Kramer) nicht zu gewinnen.

In dem Haus von Betty Kramers Vater, wo die beiden Brüder während ihrer Schulzeit zeitweise wohnten, war es hingegen üblich, sich im Wort zu fassen. Emanuel Doctor, »Director der Kattun-Druckerei und Färbereifabrik« bewohnte mit seiner Familie ein schloßähnliches Gebäude pseudogotischen Stils in der Stockerauer Donaustraße 8. Dieses war von einem Geist amateurhafter Dichtung und Journalistik erfüllt. (Chvojka, 1985, S. 4)

Betty Kramer wurde 1942 in das Ghettolager von Theresienstadt deportiert, wo sie am 26. Jänner 1943 verstarb.

Die Großeltern Edith Kramers väterlicherseits: Betty Kramer-Doctor (1869–1943) und Max Kramer (1867– 1935), der Gemeindearzt in Niederhollabrunn war und seine Söhne Richard und Theodor zu Hause selbst unterrichtete, um sie vor dem schwelenden Antisemitismus zu bewahren.

6. Richard Kramer (1893–1976)

Edith Kramers Vater absolvierte eine Ausbildung als Chemieingenieur, übte diesen Beruf jedoch nie aus. Nach seiner Teilnahme am Ersten Weltkrieg engagierte er sich für den Kommunismus. »Richard Kramers Einsatz für die neugegründete Kommunistische Partei ging in der ersten Hälfte der zwanziger Jahre so weit, daß er, als Agitator, auf dem flachen Lande wirkend, die Sorge für Frau und Kind, wie seine Tochter berichtet, ›im ganzen seinen Schwiegereltern überließ‹, er verwickelte sich aber bald auch in die Fraktionskämpfe innerhalb der Partei, was schließlich zu seiner Abkehr von Partei und Weltanschauung führte. Immerhin hatte er 1922 geplant, als Chemiker mit seiner Familie in die Sowjetunion zu gehen, aber das Ehepaar war nicht fähig, die russische Sprache zu erlernen. ›Sein Unbewußtes war offenbar klüger, mehr vorausschauend als sein Verstand, und hat uns das Leben gerettet‹, stellt seine Tochter noch nach Jahrzehnten mit geheimem Bangen fest (...)« (Chvojka, 1985, S. 4 f.)

Einige Zeit vor 1938 arbeitete Richard Kramer als Maronibrater und handelte mit Holzkohlen. Er konnte 1938 nach England und von dort 1940 in die USA emigrieren; das Affidavit bekam er von entfernten New Yorker Verwandten. Zunächst brachte Kramer sich als Hausierer durch. Er schätzte diese Arbeit, da er dabei viele verschiedene Menschen kennenlernte und mit ihnen Diskussionen führen konnte. Aus diesem Grund lehnte er einen bequemeren und besser bezahlten Job als Chauffeur ab. 1943 heiratete er seine zweite Frau Grete Wertheimer. Als nun Fünfzigjähriger gründete er mit ihr in der East 86th Street, am Rande des »deutschen« Viertels, die »Elk Candy Company«. Richard Kramer führte das bald florierende Süßwarengeschäft unter großem Einsatz – zu Weihnachten arbeitete er für sechs Wochen lang an die 14 Stunden – bis zu seinem fünfundsiebzigsten Lebensjahr.

Richard Kramer (1893–1976), Ediths Vater, im Alter von zehn Jahren (oben) und als junger Soldat in Uniform während des Ersten Weltkriegs. Der ausgebildete Chemiker war nach seinem Kriegseinsatz ein leidenschaftlicher Anhänger des Kommunismus, und er engagierte sich auch parteipolitisch in der neugegründeten Kommunistischen Partei Österreichs in den zwanziger Jahren.

Richard Kramer 1973 im Alter von 80 Jahren in seiner zweiten Heimat New York, wohin er dank eines Affidavits, das ihm seine Verwandten besorgt hatten, 1938 emigrieren konnte (oben links).
Die »Elk Candy Company«, das Süßwarengeschäft, das Richard Kramer gemeinsam mit seiner zweiten Frau Grete Wertheimer als Fünfzigjähriger in New York eröffnete, und das er erfolgreich bis zu seinem 75. Lebensjahr führte (unten). Ein Ölporträt ihres Vaters von Edith Kramer, das 1972 in New York entstanden ist (oben rechts).

7. Theodor Kramer (1897–1958)

Gemeinsam mit seinem Bruder Richard beteiligte sich Theodor Kramer an der Jugendkulturbewegung um Siegfried Bernfeld. Nach seiner schweren Verwundung im Ersten Weltkrieg nahm er bis 1921 ein Studium auf. Einige Jahre war er in verschiedenen Berufen tätig. 1928 erschien sein erster Lyrikband »Die Gaunerzinke«, der in Österreich und Deutschland starke Resonanz erzielte. In der Folge erschienen weitere Bände, mit denen sich Kramer zu einem der bedeutendsten österreichischen Lyriker seiner Zeit entwickelte.

Anfang der achtziger Jahre setzte in Österreich eine Renaissance um Kramer ein, der durch sein Exil in England nach dem Krieg in Vergessenheit geraten war. Einerseits wurde Kramer, ehemals stellvertretender Obmann der Vereinigung sozialistischer Schriftsteller, von sozialdemokratischer Seite wiederentdeckt, andererseits reklamierte man Kramer, der sich in vielen Gedichten das Land zum Thema machte, als »Heimatdichter«. Jedoch gibt es bei ihm kein Gedicht, »in dem die Fixierung auf Landschaft, Natur und Dorf sich mit einem schroffen anti-zivilisatorischen Affekt verbindet, keine Verklärung der kleinen heilen Welt, an der die große zu gesunden habe.« (Gauß, 1983, S. 18)

Provinz wird von ihm vielmehr in der ganzen Problematik wahrgenommen, wenn er in seinen realistischen Gedichten die Ausgestoßenen der ländlichen Gesellschaft schildert. Theodor Kramer verlieh seiner Lyrik einen vom Rande ausgehenden Blick. Diese Perspektive ist es auch, worin sich Anknüpfungspunkte zwischen der Kunst Edith Kramers und der ihres Onkels finden lassen.

Theodor Kramer (1897–1958), Ediths Onkel, in der Zeit vor seiner Emigration um 1930. Auch er war an der Jugendbewegung um Siegfried Bernfeld beteiligt. Nach einer schweren Verletzung aus dem Ersten Weltkrieg begann er zu studieren. 1928 veröffentlichte er seinen ersten Lyrikband.

DER GROSSE BRUDER

Vergangen sind nun an die fünfzig Jahr,
doch immer ist's noch, wie es früher war.

Der große Bruder bin ich, er ist klein,
und nichts, so scheint's, kann dran gerüttelt sein.

Er kommt zu mir, bedrängt ihn was, und flennt,
und ob auch heut der Ozean uns trennt.

Ein Unternehmen hab ich, Frau und Geld,
er siecht im Dienst, doch schreibt, was ihm gefällt.

Ob's taugt, ob nicht, ist nicht für mich der Kern:
ich mag ihn nicht und hab ihn dennoch gern.

(aus: Love in London, 1995, S. 142)

8. Edith Kramer: 1916–1934

Edith Kramer wurde am 29. August 1916 als Kind jugendbewegter, gegen bürgerliche Wertvorstellungen rebellierender Eltern geboren. Da sich ihr Vater nach dem Ersten Weltkrieg der Politik verschrieb, wuchs sie in einer finanziell ungesicherten Situation heran, die jedoch durch die Fürsorge ihrer Großeltern mütterlicherseits gemildert wurde. Die Eltern von Edith oder »Mummi«, wie sie von ihnen genannt wurde, führten eine offene Ehe und lebten zeitweise getrennt.

Edith Kramer als kleines Mädchen mit ihrem Onkel Paul, ihrer Tante Helene und Angestellten im Hof der Fabrik ihres Großvaters, Felix Neumann, in Wien um 1920.

Edith Kramer als Schulmädchen, als sie in die erste Klasse Volksschule ging (oben links) und in der Wohnung ihrer Großeltern in Wien (oben rechts).
Schon früh beschäftigte sich Edith Kramer mit verschiedenen Materialien und unterschiedlichen Bearbeitungstechniken, etwa dem Modellieren (links unten).
Das Titelblatt der Zeitschrift »Der Regenbogen. Wochenschrift für Kinder«, die Edith Kramer in ihrer Kindheit begeistert las. Chefredakteurin der Zeitung war Christine Olden-Fournier, ebenfalls eine »Grundlseerin«, die später als Psychoanalytikerin in New York arbeitete und mit Edith Kramer befreundet war (unten rechts).

Rechte Seite: Edith Kramer mit ihrer Tante Helene Wolff-Neumann (oben) und mit ihrer Mutter Pepa Kramer (unten).

Von ihrem achten bis zum 16. Lebensjahr wirkte der Psychoanalytiker und psychoanalytische Pädagoge Siegfried Bernfeld als prägende Identifikationsfigur für sie. Ab 1925, als Elisabeth Neumann mit Schwester, Nichte und Bernfeld in Berlin in einer gemeinsamen Wohnung lebte, übernahm Bernfeld die Vaterstelle von Edith Kramer. Er riet, sie nach der Volksschule in das fortschrittliche Landschulheim Letzlingen zu schicken, wo sie die ersten Klassen des Gymnasiums besuchte. In der nach 1933 zwangsweise geschlossenen Schule fanden sich Kinder von Freigeistern, Kommunisten und Intellektuellen. Als Edith Kramer mit ihrer Mutter 1929 nach Wien zurückkehrte, wechselte sie in die Schule von Eugenie Schwarzwald. Die Familien Kramer und Neumann-Bernfeld verbrachten die Sommerferien mit Freunden jetzt regelmäßig am Grundlsee, wo Edith Kramer mit den Einstellungen der Linksfreudianer vertraut wurde. Als junges Mädchen glaubte Edith Kramer an den Marxismus, den Bernfeld (wie auch Otto Fenichel und Wilhelm Reich) mit der Psychoanalyse in Verbindung zu bringen suchte. Doch distanzierte sie sich von der erotischen Freizügigkeit der Erwachsenen des Grundlseer Kreises mit ihren »avantgarde manners« und machte sich eine asketische Haltung zu eigen. (Heller, 1983, S. 219)

Edith Kramer war in Grundlsee mit Kindern und Jugendlichen befreundet, die im Geiste einer liberalen, von den Erkenntnissen der Psychoanalyse ausgehenden Erziehung aufwuchsen (so mit Peter Heller). Heute nach den Erziehungszielen dieses Kreises befragt, die ihrer Erinnerung nach in erster Linie auf die Befreiung der von der Gesellschaft unterdrückten Triebe gerichtet waren, bekundet sie ihr Verständnis für die strengere Anna Freud. Die Tochter Freuds wurde nach Kramer von einigen dieses Kreises wegen ihrer Annahme, daß das Ich selbst triebfeindlich sei, als reaktionär abgelehnt. Ausgehend von ihren therapeutischen Erfahrungen mit Kindern und Jugendlichen verweist Edith Kramer heute auf die Gefahren einer Erziehung, in der die Bildung des Über-Ichs vernachlässigt wird. (Heller, 1993)

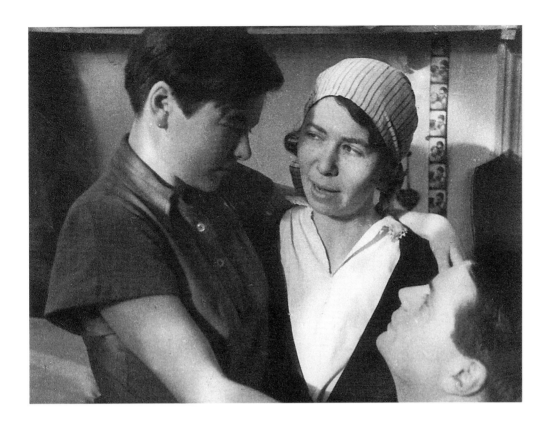

Edith Kramer mit ihren
Eltern Pepa und Richard im
Jahr 1933 (oben).
Edith mit ihrem Vater Richard
Kramer (Mitte) und in
herzlicher Umarmung mit
ihrer Mutter (unten).

Edith Kramer als Jugendliche; im Hintergrund sind Photos von Elisabeth Neumann mit Siegfried Bernfeld, besonders wichtige Personen im Leben Edith Kramers, zu erkennen (oben).
Edith Kramer mit ihrer Tante Elisabeth Neumann, ungefähr 1933 (Mitte), und ihrem »Ersatzvater« Siegfried Bernfeld, um 1930 (unten). In dieser Zeit begeisterte sich Edith Kramer für den Kommunismus und setzte einschlägige Protestaktionen – wie Schwarzfahren – gegen das System. Siegfried Bernfeld erklärte ihr jedoch, daß das ein ungünstges Licht auf ihn als Vertreter einer freien Erziehung würfe.

Grundlsee im Kreuz, das Sommerrefugium der intellektuellen und psychoanalytischen Avantgarde der zwanziger Jahre, wo Edith Kramer mit ihren Eltern, später mit ihrer Tante Elisabeth und auch heute noch alljährlich den Sommer verbringt (oben).
Unter den vielen Psychoanalytikern, Pädagogen, Schriftstellern, Intellektuellen und Künstlern, die auf Sommerfrische nach Grundlsee kamen und über die Jahre zu »Grundlseern und Grundlseerinnen« wurden, war auch der bekannte Psychoanalytiker Hanns Sachs (unten).

9. Psychoanalytiker, Künstler, Intellektuelle

1930 verbrachten Sigmund Freud und seine Tochter Anna ihren Sommerurlaub auf der Westseite des Grundlsees. Nur einige Kilometer entfernt und sich, nach Peter Heller, abgrenzend vom wohlanständigen, auf bürgerliche Konvention und Moral bedachten psychoanalytischen »Establishment« trafen sich die Linksfreudianer um Siegfried Bernfeld, dessen Ehefrau Elisabeth Neumann-

Bernfeld als Hochzeitsgeschenk von ihrem Vater in Grundlsee im Kreuz ein Haus erhalten hatte. Bei ihr und in den benachbarten Häusern fanden sich, so Heller, neben den Psychoanalytikern »Schriftsteller, Schauspieler, Maler, Journalisten, Politiker, Musiker, Hochstapler, Wissenschaftler, Ärzte« ein. (Heller, 1983, S. 212) Folgende »Grundlseer« sind Edith Kramer noch namentlich in Erinnerung: die Analytiker Annie und Wilhelm Reich, Otto Fenichel, Willy Hoffer, Hedwig Schaxel (Hoffer), Edith Buxbaum, Bertl und Steff Bornstein, Anny Katan, Hanns Sachs, Hans Lampl und Jeanne Lampl-de-Groot, die psychoanalytischen Pädagoginnen Emma Plank, Ella Spelitz und Hedy Schwarz, sowie Clara Happel, die Intellektuellen Hans Heller und Karl Frank, der Pianist Rudi Serkin, Josi und Fredi Mayer, Redakteur des Prager Tagblattes. Diese Gruppe fiel durch ihren bohemehaften Lebensstil auf, wie aus Peter Hellers Beschreibung des »linksavantgardistisch progressiv sozialutopisch und sexuell überfreien Psychoanalytikerwesens« in Grundlsee im Kreuz hervorgeht. (Heller, 1983, S. 212) Eine zentrale Persönlichkeit dieses Kreises war Christine (»Mädi«) Olden, die in Grundlsee das Nach-

Bilder aus dem Grundlseer Album: Siegfried Bernfeld, eine einheimische Freundin, Christine Olden, die Chefredakteurin des »Regenbogen« und Sergei Feitelberg im Jahr 1930 (oben links).
Der Anführer der Jugendkulturbewegung und spätere Psychoanalytiker Siegfried Bernfeld im Liegestuhl (oben rechts).
Die Prager Intellektuellen Josi und Fredi Mayer, Bertl Bornstein, die Tochter von Christine Olden und Pepa Kramer, 1933 (unten).

In den Sommermonaten am Grundlsee wurde Edith Kramer schon als junges Mädchen in die psychoanalytischen, künstlerischen und intellektuellen Kreise, denen ihre Eltern und ihre Tante angehörten, miteinbezogen.
Der sommerliche Treffpunkt führte verschiedenste Persönlichkeiten des geistigen Lebens der zwanziger und der dreißiger Jahre zusammen: Elisabeth Neumann, Pepa Kramer, Josi Mayer und Edith Kramer (oben).
Ina und Josi Mayer in der Grundlseer Idylle (unten).

barhaus von Elisabeth Neumann, mit der sie eng befreundet war, bewohnte. Sie gab die fortschrittliche Kinderzeitschrift »Der Regenbogen« heraus und absolvierte in Berlin eine Analyse bei Hanns Sachs. In der New Yorker Emigration konnte sie selbst als Psychoanalytikerin arbeiten. Hier verband Christine Olden mit (der an die 25 Jahre jüngeren) Edith Kramer eine lebenslange Freundschaft.

Es lassen sich über Grundlsee hinaus personelle Verbindungen zwischen den Linksfreudianern und der künstlerischen Avantgarde rekonstruieren, die zum Teil auf die gemeinsame Teilnahme an der Jugendkulturbewegung zurückgehen. Im besonderen sei hier auf die Lehrerin Edith Kramers, die Bauhaus-Künstlerin und Pädagogin Friedl Dicker hingewiesen, die mit Otto Fenichel seit der Jugendbewegung befreundet war. Im Fall von Siegfried Bernfeld trugen die Erfahrungen mit moderner Kunst konkrete Früchte: In seinem »Entwurf zu einer filmischen Darstellung der Freudschen Psychoanalyse im Rahmen eines abendfüllenden Spielfilms« orientierte er sich an der Raumbühne von Friedrich Kiesler, die er in der 1924 in Wien gezeigten »Internationalen Ausstellung neuer Theatertechnik« kennenlernte. (Fallend/Reichmayr, 1992, S. 151)

Gruppenbild mit Psychoanalytikern: links Pepa und Richard Kramer, dahinter Wilhelm Reich, Christine »Mädi« Olden vor Sergei Feitelberg und neben Siegfried Bernfeld; rechts hinten Elisabeth Neumann im Sommer 1928 (oben). Clara Happel mit ihren beiden Kindern und ihre Schwester Liesl, Elisabeth Neumann-Bernfeld, Siegfried Bernfeld und Hanns Sachs im Sommer 1932 (unten).

Das Haus von Elisabeth Neumann-Viertel am Grundlsee. Hier verbrachte sie gemeinsam mit ihrer Nichte Edith viele Sommer. Edith Kramer arbeitete auch als Mädchen am Grundlsee künstlerisch, hier, den Pinsel in der Hand, mit Siegfried Bernfeld (rechts oben).
Ein Freund Elisabeth Neumanns war der politisch engagierte Linksintellektuelle Karl Frank, hier mit seiner Tochter Michaela in Grundlsee im Jahr 1930 (rechts Mitte).
Der Nationalsozialismus zwang viele Grundlseer zur Emigration; Elisabeth Neumann und Berthold Viertel kehrten nach dem Krieg zu ihrem *locus amoenus* zurück (unten).

10. Franz Cizek (1865–1947)

Franz Cizek, der Entdecker und Erneuerer der Kinderkunst, unterrichtete in seinen Jugendkunstklassen an der Kunstgewerbeschule Kinder im Alter von sieben (und jünger) bis 14 Jahren. Ihm lag vor allem daran, seinen Schülern in freiem Zeichnen zu eigenen Ausdrucksformen zu verhelfen, anstatt sie – wie bis dahin üblich – durch eine reproduzierende Unterrichtstechnik an der Erwachsenenkunst zu orientieren. 1912, anläßlich des 4. Internationalen Kongresses für Kunstunterricht in Dresden, hört man von Cizek: »Die Methode ist vollkommen frei, sie unterliegt keiner Vorschrift, keinem Zwange. (...) Einen Lehrplan kennt der Kurs nicht und perhorresciert auch einen solchen, namentlich aber die vom Leichten zum Schwierigen fortschreitenden Lehrgänge. Unsere Schüler können auf allen Stufen das machen, was innerhalb der Grenzen ihrer Neigungen und des inneren Dranges liegt. Der Fortschritt wird nicht in den sich steigernden Schwierigkeiten der Aufgaben, sondern im zunehmenden psychischen Wertzuwachs des Schülers gesucht. (...) Alles Kopieren ist prinzipiell ausgeschlossen.« (Huemer, 1986) Cizek regte die Kinder und Jugendlichen in einer stimulierenden Atmosphäre dazu an, persönliche Erlebnisse zu schildern. Nach Edith Kramer kam diese Aufforderung dem Fall der Zensur gleich. Mit dem Aufheben von inhaltlichen Beschränkungen war es den Kindern, von denen man bis dahin eine frühzeitige Beherrschung ihres Trieblebens erwartet hatte, jetzt möglich, Konflikte und Leidenschaften darzustellen. (Kramer, 1978, S. 30) Dem Erzieher, der in den Arbeiten der Kinder zu lesen vermag, gewähren diese nach Cizek »tiefe Einblicke in die Verfassung, in die jugendliche Psyche (...). So aufgefaßt, werden sie dem Lehrer gleichzeitig eine günstige Gelegenheit bieten, mannigfache, ungeklärte Triebe zu erkennen und sie einer Orientierung zuzuführen, was allerdings niemals durch Aufklärung, sondern durch geeignete Arbeit geschehen soll.« (Cizek, 1925, S. 3)

Franz Cizek (1865–1946), der international anerkannte Entdecker und Erneuerer der Kinderkunst. Besonders für den Bereich der Kunsterziehung leistete er wichtige Pionierarbeit.
Ein Werk aus seiner künstlerischen Schule: »Intarsia« von Stefanie Sahliger (unten). Hier wird besonders deutlich, wie der Kunstpädagoge Cizek seine Schüler dazu brachte, in rhythmischen Bewegungsbildern, die sich unter anderem an den Kinetismus anlehnten, ihre Gefühle zum Ausdruck zu bringen.

 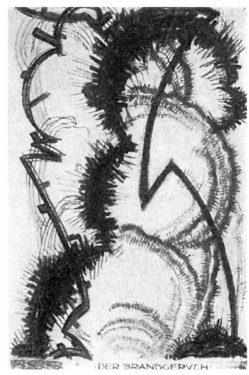

Nachdem sich Franz Cizek 1917 gegen den »wuchernden« Naturalismus ausspricht, entstehen besonders in den Klassen seiner älteren Schüler wild bewegte Bekenntnisbilder, die das Seelenleben der künstlerisch Tätigen in expressionistischer Weise offenlegen: Hermine Kautezky versuchte als Ausdruck bestimmter Empfindungen »Licht gegen Finsternis« darzustellen (oben links), Gertraud Brausewetter brachte die Geruchsempfindungen von »Brandgeruch« zu Papier (oben rechts).
In »Das Erwachen« von Erika Giovanna Klien dagegen sind in der Darstellung des rhythmischen Ablaufes einer Kopfbewegung deutlich die Einflüsse des Kinetismus und des Kubismus zu erkennen (unten).
Papier-, Schneide- und Klebearbeiten stellten einen wichtigen Bestandteil der kunsterzieherischen Praxis Franz Cizeks dar (rechte Seite oben).

Um 1917 spricht sich Cizek für die abstrakte Kunst aus, gegen den »wuchernden Naturalismus«, der Ausdruck »unterbewußter« Gefühle ist ihm in der Kunst das wichtigste. (Stolberg, 1993, S. 20 f.) Unter Cizeks Motto »Stülpen Sie heute Ihre Seele nach außen« entstanden in den Klassen der älteren Schüler zum Teil wild bewegte Bekenntnisbilder, die, so Mautner Markhof, nach der Art der Psychoanalyse Zwangs- und Wunschvorstellungen freilegten. Im Winter 1919/20 hielt Cizek einen Vortrag über »Die psychologischen Grundlagen des künstlerischen Schaffens«, sowie zur »Erneuerung der geistigen Grundlagen des rhythmischen Gestaltens«, worüber folgendes berichtet wurde: »Zuerst Belebung des Gefühls durch expressionistische Übungen: Über den Ausdruck unbestimmter Gefühle durch Selbstbesinnung zu Ordnung und Ausdruck bestimmter Gefühle und endlich der Sinnesempfindungen. Dann die Belebung des Denkens durch kubistische Übungen (...). Endlich die Belebung des Schauens durch kinetische Übungen (Futurismus).« (Mautner Markhof, 1985, S. 18) Hier wird die doppelte, analytische und syn-

thetische, Fühlen und Denken beanspruchende Ausrichtung deutlich, die auch den Unterricht von Johannes Itten kennzeichnete. Zwischen den Schülerarbeiten dieser beiden bedeutenden Reformer der Kunstpädagogik gab es formale Affinitäten, in ihren Klassen entstanden jeweils Bilder, denen rhythmisches Gestalten zugrunde lag. 1919 ging Johannes Itten mit einer Gruppe ehemaliger Cizek-Schüler nach Weimar – darunter Friedl Dicker, Edith Kramers spätere Lehrerin – und prägte dort den Stil des frühen Bauhauses. In Cizeks Klassen für Ornamentale Formenlehre an der Kunstgewerbeschule entstand wiederum der sogenannte »Wiener Kinetismus«. Um 1920, als Edith Kramers erste Lehrerin Trude Hammerschlag in Cizeks Ornament-Kurs für Hörer aller Fakultäten eintrat, war die »expressionistische Phase« bereits voll entwickelt und es »tauchten in den Arbeiten der Studenten (...) Merkmale des kubo-futuristischen Bildraumes auf (...). Bald darauf entstanden kubistische (...) Bewegungsstudien, die kaum hinter der Dynamik futuristischer Meisterwerke zurückstanden.« (Mautner Markhof, 1985, S. 18) Der Kinetismus, ein Versuch, »inhaltlich und formal Bewegungsphänomene visueller und psychischer Art zu einer Synthese zu verarbeiten«, fand seinen Höhepunkt in der Zeit zwischen 1922 und 1924. (Stolberg, 1993) Dieser brachte Cizek und seiner Klasse die persönliche Anerkennung internationaler Avantgardisten ein, wie von Filippo Marinetti, Enrico Prampolini und Theo van Doesburg, die ihm

Der »Pionier der Kunsterziehung« Cizek ließ der Phantasie des Kindes freien Raum, er praktizierte eine »Befreiung der Kinderseele«, weg vom vorgegebenen Ornamente-Malen und Flächen-mit-Farbe-Ausfüllen, hin zu freier künstlerischer Gestaltung (unten).

1924 einen Besuch abstatteten. (Mautner Markhof, 1985, S. 17 ff.)

Die von Franz Cizek initiierte Reform der Kunstpädagogik ging im Rahmen der Glöckelschen Schulreform auch in den Unterricht der öffentlichen Schulen ein. Allerdings führte Cizek, anders als es von den Kunstpädagogen an den Schulen praktiziert wurde, in dem Maß, in dem seine Formensprache von den avantgardistischen Strömungen der Zeit beeinflußt war, seine Schüler nicht notwendig an eine realistische Darstellungsweise heran.

1923 begann unter der Schirmherrschaft der Rockefeller Foundation eine von Vorträgen begleitete mehrjährige Tournee der in Franz Cizeks Jugendkunstklassen entstandenen Kinderzeichnungen durch die Vereinigten Staaten. Damit erregte Cizeks Unterricht starkes öffentliches Interesse und fand breite Anerkennung. Hinzu kamen Ausstellungen von Arbeiten aus seiner Klasse für Ornamentale Formenlehre, als Vertreter der »Rhythmical Art« (unter anderem im New Yorker Art Center, im Metropolitan Museum sowie im Brooklyn Museum). (Stolberg, 1993) Diese Aktivitäten bereiteten den Boden für die spätere Offenheit der Amerikaner gegenüber Viktor Löwenfelds kunstpädagogischem und Edith Kramers kunsttherapeutischem Ansatz.

Franz Cizeks kunsterzieherische Programmatik stellte sich als bahnbrechend und zukunftsweisend heraus. Er konnte als begnadete Lehrerpersönlichkeit die Kinder zu für die damalige Zeit ungewöhnlichen künstlerischen Produktionen bringen. Franz Cizek verließ sich aber nicht nur auf seine Intuition, sondern er lehnte sich sehr wohl auch an die Erkenntnisse der jungen Wissenschaft der Psychoanalyse wie auch der Reformpädagogik an. Auch nach seinem Tod 1946 wurden seine Praktiken erfolgreich angewendet.

Für Edith Kramers kunsttherapeutischen Ansatz bildet die Kunsterziehung Cizeks einen wichtigen Ausgangspunkt für ihre eigene Arbeit mit Kindern. Außerdem profitierte sie von Cizeks Ruf in den USA, den er durch die international anerkannten und Aufmerksamkeit erregenden Ausstellungen der Arbeiten seiner Schüler erlangt hatte.

11. Kunstpädagogik und psychoanalytische Pädagogik

Im August 1919 eröffnete der Psychoanalytiker Siegfried Bernfeld das »Kinderheim Baumgarten« für jüdische Kriegswaisen. Es wurde im April 1920 geschlossen. Hier wurden fast dreihundert oft sehr schwierige Kinder beiderlei Geschlechts im Alter von drei bis 16 Jahren betreut. Bernfelds Absicht war es, Kindergarten, Schule und Heimleben nach den Erziehungs- und Unterrichtsgrundsätzen von Maria Montessori, Berthold Otto und Gustav Wyneken zu führen. (Bernfeld, 1921, S. 7) Neben reformpädagogischen Konzeptionen gingen die Psychoanalyse, aber auch die Utopie einer jüdischen Erziehung, wie sie in Palästina einmal verwirklicht werden sollte, in das Kinderheim ein, dessen Begründer damit eine einzigartige Synthese anstrebte. (Adam, 1992, S. 98)

Bernfeld, der Franz Cizeks Methode aus eigener Anschauung verstehen gelernt hatte (Hoffer, 1965, S. 160), beschreibt im folgenden die Wirkung des Zeichenunterrichts nach Cizek: »Bei unseren Bemühungen, die Kinder vom Wort zur Sache, vom Reden zum Tun zu führen, haben wir immer die gleiche Erfahrung gemacht, ob es sich um arbeitsschulmäßige Details im allgemeinen Zeichenunterricht, ob es sich um physikalische Arbeiten, um Zeichnen, Modellieren, Basteln, um handwerkliche Tätigkeit in der Werkstätte oder um reale Arbeit beim Gartenbau handelte: anfangs waren so gut wie alle in passiver Resistenz; sie wollten nicht, sie hatten keinerlei Beziehung zu dieser Tätigkeit, und wochenlang war daher bloß der Lehrer arbeitend, die Kinder sahen zu, oder nicht einmal das. Aber langsam begann dieser oder jener teilzunehmen, stürzte sich bald intensiv und ausdauernd in die Arbeit; er fand diesen oder jenen Nachahmer, und schließlich waren die allermeisten dabei. Diejenigen, die eifrig und lang mittaten, haben es zu sehr brauchbaren Leistungen gebracht. Und zu gewissen Fähigkeiten waren alle gelangt. Am Zeichenunterricht, der von zwei Cizek-Schülerinnen (Mely Masaryk und Trude Hammerschlag), in seinem Sinn geführt wurde, nahmen nach zwei oder drei Monaten alle sehr interessiert teil, und es ist manche originelle und kindgemäße Arbeit abgeliefert worden.« (Bernfeld, 1921, S. 100)

Trude Hammerschlag (1899–1930), die von Bernfeld hier erwähnte Kunstpädagogin aus dem Kinderheim Baumgarten, kann als die zentrale Vermittlerin zwischen Kunstpädagogik und psychoanalytischer Pädagogik angesehen werden. Mit dem Kreis um Bernfeld war sie aus der Jugendkulturbewegung bekannt. Von 1920 bis 1922 besuchte Hammerschlag die Ornament-Kurse für Hörer aller Fakultäten an der Kunstgewerbeschule und wurde so mit der Methode Franz Cizeks bekannt. 1923 schloß sie ihr Studium bei Karl Bühler mit einer Dissertation über das Kinderzeichnen ab, in der sie seinen Ausführungen über die Entwicklungsstadien kindlichen Zeichnens folgt, gleichzeitig aber einen psychoanalytischen Blickwinkel auf die künstlerischen Produktionen der Kinder erkennen läßt. (Hammerschlag, 1923) Es ist anzunehmen, daß Trude Hammerschlag, Enkelin von Sigmund Freuds ehemaligem Religionslehrer Samuel Hammerschlag (Molnar, 1996, S. 126) und erste Ehefrau des Analytikers Heinz Hartmann (Mühlleitner, 1992, S. 132), mit der Psychoanalyse gut vertraut war. Als Lehrerin an der Bildungsanstalt für Kindergärtnerinnen brachte sie das Kinderzeichnen nach Franz Cizek in die städtische Kleinkinderpädagogik ein. Im Alter von fünf sowie zwölf und 13 Jahren nahm Edith Kramer Unterricht bei Trude Hammerschlag.

Maria Montessori, die Franz Cizeks Jugendkunstklassen bei einem ihrer Aufenthalte in Wien einen Besuch abgestattet hatte, war von der Methode begeistert und ermutigte die Wiener Montessori-Pädagoginnen, diesen Ansatz zu übernehmen. Um 1924 begann Hammerschlag intensiv mit den Montessori-Kindergärtnerinnen um Lili Roubiczek, der Begründerin der Montessori-Bewegung in Wien, zusammenzuarbeiten.

Kinderzeichnungen als »Spiegel der kindlichen Seele«, nach Karl Bühler 1918.

Lehrerinnen und Lehrer des Kinderheims Baumgarten, unter ihnen Gertrude Hammerschlag, bei der auch Edith Kramer Unterricht nahm (oben, Bildmitte hinten).
Gertrude Hammerschlag, Kunstpädagogin, Enkelin von Sigmund Freuds ehemaligem Religionslehrer Samuel Hammerschlag, erste Ehefrau des Analytikers Heinz Hartmann. Edith Kramer nahm bei ihr im Alter von fünf und von 12–13 Jahren Zeichenunterricht (unten links).
Das Inhaltsverzeichnis der Dissertation Gertrude Hammerschlags zum Thema »Zur Psychologie von Kinderzeichnungen«, die sie 1923 an der Universität Wien einreichte (unten rechts).

1930 eröffnete die Gemeinde Wien im Goethehof und am Rudolfsplatz zwei Kindergärten mit Modellcharakter. Sie wurden bis 1934 von Hedy Schwarz beziehungsweise Lili Roubiczek geführt, die sich mittlerweile auch an den Erkenntnissen der Psychoanalyse orientierten und eng mit Anna Freud kooperierten. Diese hielt für interessierte Kindergärtnerinnen von 1931 bis 1934 ein Seminar ab, in dem sie ihre Schwierigkeiten mit einzelnen Kindern besprechen konnten. Aus den von Montessori-Pädagoginnen sowie von Kinderanalytikerinnen verfaßten Berichten in der »Zeitschrift für psychoanalytische Pädagogik« geht hervor, daß in den städtischen Montessori-Kindergärten ein therapeutisches Milieu geschaffen wurde, in dem sich auch schwierige Kinder günstig entwickeln konnten. Diese Kinder waren zum Teil in psychoanalytischer Behandlung, bei Kindern mit Verwahrlosungserscheinungen aus verarmten Familien, wie es unter den wirtschaftlichen Umständen dieser Zeit gehäuft der Fall war, kam eine solche oft nicht in Frage und der therapeutisch geführte Kindergarten schien in vielen Fällen die einzige Möglichkeit zu sein, eine Besserung herbeizuführen. (Zwiauer, 1995) Dem Zeichnen, Malen und Modellieren der Kinder maßen die Pädagoginnen dabei besondere Bedeutung zu, diese Aktivitäten sollten dazu beitragen, auf selbständige Weise Konflikte zu bewältigen. Für Edith Buxbaum, eine linksfreudianische Analytikerin und psychoanalytische Pädagogin, die 1932 einen klärenden Artikel über die Montessori-Pädagogik veröffentlichte, gibt das Zeichnen und Formen mit Ton »dem Kinde die Möglichkeiten, gewisse Triebe zu befriedigen: Wir wissen aus der Psychoanalyse und aus der Kinderbeobachtung, daß das Kind in seiner Entwicklung eine anale Phase durchmacht. (...) Das Ausfüllen der (im Montessori-Unterricht verwendeten, Ch. Z.) geometrischen Formen mit Farbe, das Kneten von Ton oder Plastilin geben dem Kinde die Möglichkeit, seine analen Triebe in sublimierter Form zu befriedigen. Gibt man dem Kind die Möglichkeit, frei zu zeichnen und zu formen, so kann diese Beschäftigung noch viel mehr für das Kind bedeuten. Was es erlebt hat und was es beschäftigt, kann es oft zeichnen, während es dieselben Dinge oft nicht sagen kann, weil sie nicht bewußt sind, oder weil das Kind den Wortausdruck nicht zur Verfügung hat, die Darstellung aber ist ihm möglich. Das Kind findet Gelegenheit, Inhalte zu gestalten und abzureagieren, ähnlich wie im Gespräch.« (Buxbaum, 1932, S. 328)

Um 1932 läßt sich in der psychoanalytisch orientierten Erziehung eine Zäsur ausmachen. Zu dieser Zeit kam es zur sogenannten Revision der psychoanalytischen Pädagogik, in der es bis dahin vor allem um eine Befreiung der Triebe ging. Psychoanalytisch orientierte Erziehung sollte jetzt in erster Linie Ich-Stützung leisten. Ob und inwieweit das Kinderzeichnen in den psychoanalytisch orientierten Kindergärten von der zunehmend Ich-psychologischen Ausrichtung der Psychoanalyse beeinflußt wurde, ist heute nur schwer nachzuvollziehen und war wohl von der Einstellung der einzelnen Pädagogin abhängig. Als ein Indiz für eine mögliche Änderung könnte allerdings die zunehmende Bedeutung der Werkstättenarbeit angesehen werden. Diese Tendenz traf sich auch mit den Forschungen der Bühler-Schule zum »Werkschaffen« und den daraus abgeleiteten Empfehlungen für die Praxis. (Köhler, 1930)

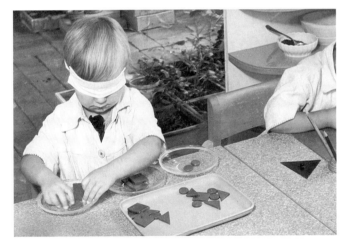

Der Kindergarten »Goethehof« 1931 (Inneneinrichtung von Bauhaus-Architekt Franz Singer und Friedl Dicker), arbeitete nach der Montessori-Pädagogik und der Kunsterziehung Franz Cizeks und war bahnbrechend für die psychoanalytisch-orientierte Kindererziehung.

Maria Montessori mit Kindern vor dem »Haus der Kinder« in Wien (rechts oben).

12. Viktor Löwenfeld (1903–1960)

Löwenfeld, ein Schüler von Franz Cizek und Karl Bühler, arbeitete in Wien ebenfalls »im Geist der Psychoanalyse« als Kunstpädagoge mit Kindern, wie er selbst später sagte. (Ulman, 1987, S. 112) Überliefert sind Fotografien der Tonarbeiten von blinden Kindern aus dem von Dr. Siegfried Altmann geleiteten Israelitischen Blindeninstitut auf der Hohen Warte. (Münz/Löwenfeld, 1934) Im besonderen interessierte sich die amerikanische Psychoanalytikerin Dorothy Burlingham, eine enge Freundin Anna Freuds, für das Heim für blinde Kinder, sie kam öfters zu Besuch. (Mühlleitner, 1992, S. 55) 1936 erschien in der »Zeitschrift für psychoanalytische Pädagogik« eine Rezension von Löwenfelds und Ludwig Münz' Buch »Plastische Arbeiten Blinder«, das Altmann kurz nach dessen Erscheinen Sigmund Freud übermittelt hatte (Molnar, 1996, S. 271): »Das erstemal hat nun Viktor Löwenfeld versucht, Blinde ganz frei und unbeeinflußt arbeiten zu lassen. Er verlangt keine Natur-, sondern Gefühlswidergabe. Er arbeitet hauptsächlich mit Geburtsblinden. Das Resultat ist überraschend. Der Blinde hat eine andere Arbeitsweise und kommt zu anderen Resultaten als der Visuelle unserer Zeit. Aber seine Plastiken sind durchaus keine Tastwidergaben. (…) Er arbeitet autoplastisch nach dem inneren Gefühl von sich (…). Proportionsverschiebungen sind demnach nicht als fehlerhaft zu werten, wie die Psychologie nach Herder es getan hat, sondern sie sind eben anders vorstellungsbedingt. (…) Dasselbe ergibt sich beim Vergleich mit Kinderarbeiten: Das Kind kennt, wenn es halbwegs gesund und von keinem ›Kunstunterricht‹ verdorben ist, kein Sehen, es arbeitet rein aus der Vorstellung, setzt auch wichtige Figuren riesengroß neben kleine, hat also eine Wertperspektive, nicht eine Sehperspektive.« (1936, S. 206 f.)

Löwenfeld bestimmte in den USA, wohin er 1938 emigriert war, für Jahrzehnte die Ausrichtung der Kunstpädagogik. Seine Bücher, insbesondere »Creative and Mental Growth« (1947) stellten für Edith Kramer eine wichtige Referenz dar.

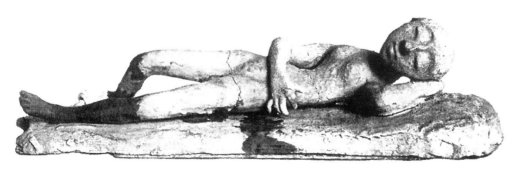

Viktor Löwenfeld beschäftigte sich mit geburtsblinden Kindern. Die aus Ton geformten Plastiken überraschen durch ihre ausdrucksvolle Darstellung der Sinnes- und Gefühlseindrücke der Blinden, sind aber keine Tastwiedergaben.

Friedl Dicker (1898–1944) kam ebenfalls aus der Jugendkulturbewegung (rechts). Über die Beschäftigung mit psychoanalytischen Praktiken, wozu sie ihr Freund Otto Fenichel brachte, kam sie in ihrer Ausbildung von Franz Cizeks Kunstkursen in die private Kunstschule von Johannes Itten und damit zum frühen Bauhaus.
Die Künstlerin, Bauhaus-Architektin und Kunstpädagogin emigrierte 1934 nach Prag, wo sie Kunstunterricht erteilte, den auch Edith Kramer besuchte.
Ein Ölbild von Friedl Dicker aus dem Jahr 1920: Anna Selbdritt, Öl auf Holz (links).

13. Friedl Dicker (1898–1944)

Friedl Dicker engagierte sich während des Ersten Weltkriegs und danach in der Jugendkulturbewegung, in der ihr Freund Otto Fenichel durch sein Wissen um die Psychoanalyse eine herausragende Stellung innehatte. Nachdem sie an der Kunstgewerbeschule auch Kurse von Franz Cizek absolviert hatte, besuchte sie ab 1916 die private Kunstschule von Johannes Itten (1888–1967). Als dieser 1919 an das Bauhaus in Weimar berufen wurde, um dort den Vorkurs zu leiten, folgte sie ihm mit einer Gruppe von Schülern nach.
Dem charismatischen Lehrer Itten ging es nicht nur um die Vermittlung von Techniken, er verstand sich auch als Menschenbildner. Ittens Unterricht lag die Vorstellung vom Zusammenwirken der körperlichen, seelischen und geistigen Kräfte zugrunde, wobei die Betonung auf dem Emotionalen vor dem Intellektuellen lag und dies im Unterricht konkret Gestalt annahm. Der eigentliche Unterricht bestand aus einer Reihe von Übungen, die alle in Ittens allgemeine Kontrastlehre eingebunden waren: so die Hell-Dunkel-Übungen, die Material- und Texturstudien, weiters Naturstudien als Mittel zur Schärfung der sinnlichen Erkenntnis und zur Erweiterung des »konkreten Denkens« sowie das Aktzeichnen und die Analysen alter Meister, die in Empfindungs- und Strukturanalysen eingeteilt werden können. Unter ersteren verstand Itten das gefühlsmäßige Erfassen einzelner Formfiguren, des ganzen Formgefüges und der hauptsächlichen Sinnaussage des Werkes. In den Strukturanalysen arbeiteten die Schüler häufig mit Hilfe geometrisierender Liniengerüste die rational greifbaren Bildgesetzmäßigkeiten und Ordnungsprinzipien heraus, dies war also die stärker kognitiv ausgerichtete Methode der Bildanalyse. (Wick, 1991)

Ittens Anliegen war die Förderung der schöpferischen Selbstentfaltung des künstlerischen Subjekts, er respektierte in einem überaus hohen Maß die Eigenständigkeit im Gestalten seiner Schüler, so der Tenor der Itten-Forschung. In jüngster Zeit wurden erstmals auch kritische Stimmen laut, die besonders seine traditionelle Geschlechterkonzeption und seine Zugehörigkeit zur Mazdaznan-Sekte aufgreifen. So stellt Rainer Wick fest, daß Itten seinem pädagogischem Anspruch nicht mehr gerecht wurde, als er einigen seiner getreuesten Schülern auch geistiger Führer sein wollte. Um 1920 machte Itten Bekanntschaft mit der Mazdaznan-Lehre. Diese hatte Verwandtschaft mit der Theosophie – mit der Itten bereits in Wien bei Alma Mahler in Berührung gekommen war –, der Anthroposophie und den barfüßigen Propheten, den Erlösern der zwanziger Jahre. Im alltäglichen Leben des Bauhauses schlug sich die Mazdaznan-Lehre bald nieder. Der Leiter des Bauhauses Walter Gropius, der das sektenhafte Verhalten und die Tendenz zur Weltabgeschiedenheit der Itten-Schüler mit Sorge beobachtete, ging ab 1921 zur offenen Konfrontation mit Itten über. 1922 kündigte Johannes Itten am Bauhaus und dieses schlug die von Gropius angestrebte Richtung ein. (Wick, 1994)

Friedl Dicker und ihre Freunde, so kann man aus verschiedenen Indizien schließen, fanden sich trotz des Charismas Ittens in einer gewissen Distanz zu ihm. Zwar profitierten sie von Ittens pädagogischer Intuition und auch die Mazdaznan-Lehre blieb im Rahmen der allgemeinen Suche nach Sinn in dieser krisenhaften Zeit nicht ohne Faszination für sie. Dennoch strebten sie danach, sich seinem Führungswillen und seinem missionarischen Eifer zu entziehen und sich persönliche und künstlerische Freiräume zu bewahren.

In einem erhalten gebliebenen Brief spricht Gropius mit antisemitischem Unterton das Verhältnis der Wiener Gruppe zu Johannes Itten an: »Die geistvoll-jüdische Gruppe Singer-Adler (zu der auch Dicker gehörte, Ch. Z.) ist zu üppig geworden und hat leider auch Itten ernstlich beeinflußt. Mit diesem Hebel wollen sie das ganze Bauhaus in die Hand bekommen.« (Vom Bauhaus nach Terezin, 1991, S. 70 f.) Die Wiener gehörten demnach zum engeren Kreis um Johannes Itten, aber nach Gropius' Einschätzung waren sie es, die Itten beeinflußten und nicht umgekehrt. Das Charakeristikum »geistvoll« dürfte sich auf die intellektuelle Grundhaltung beziehen, die Friedl Dicker, Franz Singer und andere Wiener Schüler Ittens aus der Jugendkulturbewegung mitbrachten und die sie bis zu einem gewissen Grad gegen das Sekten- und Prophetentum am frühen Bauhaus immunisierte.

Ab Mitte der zwanziger Jahre stattete Friedl Dicker gemeinsam mit ihrem Atelierkollegen Franz Singer als Innenarchitektin zahlreiche Wiener Wohnungen von Intellektuel-

Johannes Itten um 1920. Der charismatische Lehrer Itten versuchte seinen Schülern, unter denen auch Friedl Dicker war, nicht nur Arbeitstechniken zur künstlerischen Selbstentfaltung zu vermitteln, sondern auch persönlichkeitsformend zu wirken. Die Mitgliedschaft bei der Mazdaznan-Sekte wirkte sich bald auch auf seine Arbeit am Bauhaus aus. Friedl Dicker profitierte von seinem Unterricht, versuchte sich aber persönlich von ihm zu distanzieren.

len im Stil des frühen Bauhauses aus. Auch Psychoanalytiker zählten zu ihren Kunden, etwa Eduard Kronengold, Anna Mänchen und Bertl Bornstein, aber auch der »Grundlseer« Hans Heller (er ließ das Kinderzimmer seines Sohnes Peter Heller einrichten).

1930, als sich Dicker aus der Ateliergemeinschaft mit Franz Singer löste, begann sie verstärkt als Kunstpädagogin zu arbeiten. Sie kannte den therapeutischen Einsatz des Kinderzeichnens in der Kleinkinderpädagogik, wie dies von den psychoanalytisch orientierten Montessori-Pädagoginnen praktiziert wurde, damit hatte sie sich anläßlich der Planung des Kindergartens Goethehof, der von Hedy Schwarz geleitet wurde, vertraut gemacht. (2 x Bauhaus, 1988) Um diese Zeit forderte sie von Johannes Itten ein Zeugnis an, der sie den öffentlichen Stellen als Kunstpädagogin wärmstens empfahl. Dicker gab, neben einer Gruppe von interessierten Kindergärtnerinnen, Kindern und Jugendlichen Unterricht – unter ihnen auch Edith Kramer. Mit den an Johannes Itten orientierten Übungen vermittelte ihr Friedl Dicker »ein tiefes Verständnis der komplizierten Wechselwirkung verschiedener Bildelemente. (...) Es hat mir den Zugang zu jeder Art von Kunst eröffnet.« (Kramer, 1988, S. 2)

Gegenüberliegende Seite:
Edith Kramers Meldungsnachweis aus Wien (oben).
Sie folgte ihrer Lehrerin Friedl Dicker 1934 nach Prag. Am Bahnhof von Prag 1934: Edith verabschiedet ihre Mutter Pepa, die nach Wien zurückfährt (unten).

14. Edith Kramer: Prag 1934–1938

Nach ihrer Matura am Schwarzwaldschen Mädchengymnasium beschloß Edith Kramer, eine künstlerische Laufbahn einzuschlagen und ihren Unterricht bei Friedl Dicker zu intensivieren. 1934 emigrierte Dicker aus politischen Gründen nach Prag und Edith Kramer folgte ihr. Zwischendurch nahm Kramer aber auch Unterricht bei dem Bildhauer Fritz Wotruba in Wien.

Als 1933 in Deutschland die Nationalsozialisten die Macht ergriffen hatten, ließen sich auch einige zuvor in Berlin praktizierende Psychoanalytiker in Prag nieder; ihr politisches Engagement ließ ein Ausweichen nach Wien nicht ratsam erscheinen. Unter ihnen waren Annie Reich und später Otto Fenichel, die als Freundin beziehungsweise Cousin Pepa Kramers der Tochter Edith von Kindheit an nahestanden. Sie wurden in Prag von dem »Grundlseer« Fredi Mayer, Redakteur des liberalen Prager Tagblattes, unterstützt.

In Prag begann Edith Kramer eine Psychoanalyse bei Annie Reich und besuchte die psychoanalytisch-pädagogische Arbeitsgemeinschaft. Diese wurde auf Initiative einiger Kindergärtnerinnen unter der Leitung der (Edith Kramer aus Grundlsee bekannten) Analytikerin Steff Bornstein begonnen und einmal wöchentlich abgehalten. »Das Ziel der Arbeitsgemeinschaft bestand darin, analytisch Interessierten, aber nicht Vorgebildeten, die Grundlagen der analytischen Kinderpsychologie an praktischen Fällen zu vermitteln. Meistens berichteten Kindergärtnerinnen oder Mütter über Schwierigkeiten, die ihnen ein Kind bereitete.« (Karpe, 1934, S. 274) Liselotte Gerö, die damals in Prag als Kinderanalytikerin praktizierte, beschreibt die Arbeitsweise der Arbeitsgemeinschaft: »Man kam meistens überein, daß man über dieses und jenes mit dem Kind sprechen müsse, sei es, um das Kind besser zu verstehen, sei es, um es therapeutisch zu beeinflussen. Da ergab sich häufig, daß Mütter und Pädagogen sich bei solchen Versuchen, an das Kind heranzu-

Otto Fenichel, ein enger Freund Friedl Dickers, mit seiner Tochter Hannerl (oben).
Von 1939 bis 1942, nach der Errichtung des Protektorats Böhmen und Mähren, lebte Friedl Dicker in Hronov, einer ostböhmischen Provinzstadt. Sie wähnte sich hier, trotz ihrer jüdischen Herkunft, in Sicherheit. Aus Hronov schrieb sie an ihre Freundin Hilde Kothny zahlreiche Briefe, in denen sie auch kunstpädagogische Probleme besprach:
»*Ich habe einen kleinen Schüler, ein wilder, sehr lieber Bursche; arbeite in Farbe mit ihm (...) Wir haben zuerst Farbmischen gelernt, damit er seine Farbvorstellung ordnet, damit er sie bereichern kann, dann zu schmieren angefangen, ohne Gegenstand, um Platz für den neu zu sehenden Gegenstand zu schaffen und jetzt zeige ich ihm farbige Reproduktionen, eben aus dem Cigaretten-Bilderdienst (...) um dem Geschmiere ›Gestalt‹ gegenüberzustellen und seine Vorstellung zu ordnen. Er hat sich sofort in eine Madonna mit dem Kinde von Raffael verliebt (...) und malt danach ohne zu zeichnen, weil ich ihn nicht zwei Aufgaben auf einmal bewältigen lassen will (...) kurz alles geht gut.*«
Kommentar von Friedl Dicker zur Zeichnung eines Schülers. Der Zeichenunterricht war stark an ihrem Lehrer Johannes Itten und seinem Vorkurs im frühen Bauhaus orientiert (unten).

kommen, hilflos zeigten, besonders, wenn es sich um sehr kleine Kinder handelte. Es wurde deshalb der Plan gefaßt, bei der nächsten Gelegenheit den genauen Verlauf solcher therapeutischer Gespräche mit einem Kind zu schildern.« (Gerö, 1942, S. 96) Aus Friedl Dickers Vorgehensweise bei schwierigen Kindern ist anzunehmen, daß auch sie diese Arbeitsgemeinschaft besuchte und wie Edith Kramer nahm sie eine Analyse bei Annie Reich auf. Von 1936 bis 1938, als sie nach ihrer Heirat eine kleine Wohnung hatte, unterrichtete Dicker regelmäßig Kinder und Jugendliche, besonders aus deutschen Emigranten-Familien. Zu diesem Zeitpunkt, wie auch später in Theresienstadt, versuchte sie durch den Inhalt des Dargestellten Aufschlüsse über das Seelenleben des Kindes zu erlangen. Im Gegensatz zur Kinderanalyse deutete sie dem Kind aber kaum das in der Darstellung zum Ausdruck gebrachte Unbewußte. Die zentrale und später von Edith Kramer theoretisch begründete Erkenntnis aus ihren Zeichenstunden mit den Flüchtlingskindern war, daß unter bestimmten Voraussetzungen der künstlerische Prozeß an sich eine therapeutische Wirksamkeit haben kann.

Edith Kramer, die Friedl Dicker assistierte, erinnert sich: »Friedl hat in diesen Jahren auch mit Kindern gearbeitet. Ich durfte ihr dabei helfen und habe auch viel dabei gelernt. Hauptsächlich kamen Kinder von deutschen Kommunisten, die mit ihren Eltern in Flüchtlingslagern lebten und auf die Einreisebewilligung in andere Länder warteten. Obzwar die Situation dieser Kinder keineswegs dem Schicksal der Kinder von Terezin (Theresienstadt) vergleichbar war, so waren es doch entwurzelte, traumatisierte Kinder von entwurzelten, verzweifelten Eltern. Ich lernte dabei die verschiedenartigen Wirkungen solcher Erlebnisse auf die Kunst der Kinder kennen. Erstarrung in schematischer Wiederholung, triebhaftes Schmieren, unzusammenhängende Fragmente, Identifizierung mit dem Angreifer, Regression. Besonders die Identifizierung mit dem allmächtigen Hitler, der ja gerade durch das Leid, das er ihnen zugefügt hatte, seine Macht bekundete, war eindrucksvoll. Ich habe dieselben Phänomene später in meiner Arbeit mit verwahrlosten und gestörten Kindern wiedergefunden. Friedl fand Wege, diese Kinder zur schöpferischen Arbeit zu bringen und ihnen damit auch seelisch zu helfen.« (Kramer, 1988, S. 2)

In den Sommerferien kehrte Edith Kramer auch von Prag aus immer wieder nach Grundlsee zurück. Sie nützte diese Wochen auch für ihre Arbeit und malte, zeichnete und fertigte Porträts an.
Edith Kramer im Jahr 1937 bei der Arbeit (oben und Mitte). Hier malt sie die Schauspielerin Sybille Binder am Grundlsee (unten).

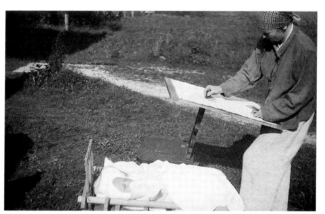

Studien aus dem an Johannes Itten orientierten Unterricht bei Friedl Dicker, die die Beschäftigung mit den verschiedenen Arbeitstechniken dokumentieren, Prag 1934 und 1937.

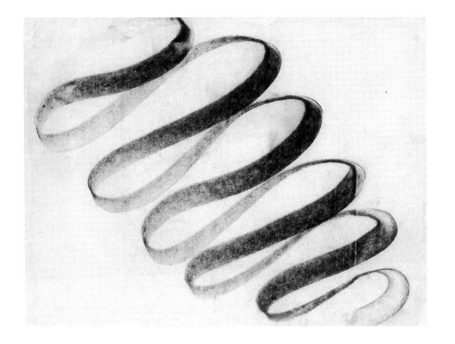

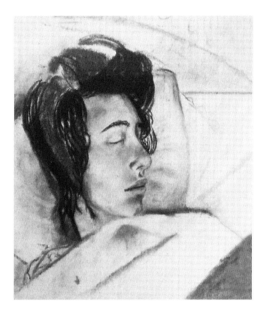

Eine Federzeichnung Edith Kramers aus dem Jahr 1938, die im Unterricht von Friedl Dicker entstanden ist (oben links).
In Prag entstand Edith Kramers Selbstporträt, ungefähr 1938 (oben rechts), ebenso wie verschiedene Studien (wie die hier abgebildete aus dem Jahr 1937; unten links) und Ölbilder wie das Selbstporträt (unten rechts).

Eine Ansicht von Prag: Bleistiftzeichnung Edith Kramers aus dem Jahr 1938 (oben) und der Blick aus dem Fenster der Wohnung Friedl Dickers in Prag im Jahr 1938, in Öl (unten).

15. Zeichenunterricht in Theresienstadt

1942 wurden Friedl Dicker und ihr Mann Pavel Brandeis, die beide jüdischer Herkunft waren, in das Ghettolager von Theresienstadt deportiert. Ungefähr 10.000 Kinder waren hier inhaftiert. Dicker begann im Rahmen der von den Erwachsenen eingerichteten Jugendfürsorge den Kindern und Jugendlichen des Lagers Zeichenunterricht zu geben, vor allem im Mädchenheim, Block L 410 und im Bubenheim, Block L 417. Der Unterricht wurde erschwert durch die unterschiedlichen Ausgangsbedingungen der Kinder und durch die knappen Mittel im Lager. Aber auch durch die Lebensumstände der Kinder – den beständigen Hunger, mangelnde Hygiene, die vielen Krankheiten, zerbrochene Familienbindungen und traumatisierende Erfahrungen im Lager. Ziel der Pädagogen in Theresienstadt war es, die Auswirkungen dieser Umstände soweit als möglich zu mildern, den Kindern Werte zu vermitteln und ihre intellektuellen Fähigkeiten weiterhin zu fördern, sie in die Gemeinschaft einzubinden und in ihnen den Gedanken an ein Leben danach wach zu halten. (Parik, 1988, S. 79)

Friedl Dicker veranstaltete in Theresienstadt Ausstellungen der Kinderzeichnungen und hielt aus diesem Anlaß Vorträge. In den handschriftlichen Aufzeichnungen Friedl Dickers sind deutlich die verschiedenen Einflußbereiche und die therapeutische Ausrichtung ihres Unterrichts erkennbar.

»Bei einem Kind unter 10 Jahren – gemeint ist der Reifegrad, nicht die Jahre – hat der Lehrer hauptsächlich dafür zu sorgen, dass es in seinem Spiel, in seinen Versuchen nicht gestört werde. Es zu unterrichten ist sinnlos, weil es in diesem narzistischen Alter jede Sinnmischung mit der Abwendung der Tätigkeit erwidert. In diesem Alter ist Zeichnen und Malen ein Hauptausdrucksmittel. (...) Unzeitgemäß an das Kind herangebrachte Kenntnisse, seien sie über sein Fassungsvermögen, oder fielen sie in eine Zeit, in der andere Interessen es erfüllen, empfindet es als Einbruch in seine Welt und reagiert mit Unlust und Mißerfolg darauf.« (Skochavá, 1983, S. 46) Indem Friedl Dicker hier dafür plädierte, ein Kind unter 10 Jahren ganz sich selbst zu überlassen, löste sie die Forderungen ihres Lehrers Franz Cizek ein. Mit Cizeks Unterrichtsmethode hatte sich Dicker über ihre eigenen Erfahrungen an der Kunstgewerbeschule hinaus in ihrer Wiener Zeit als Kunstpädagogin auseinandergesetzt. So ist bekannt, daß sie Viktor Löwenfelds Arbeitsweise, der vor 1938 im Israelitischen Blindeninstitut auf der Hohen Warte blinde Kinder nach der Methode Cizeks frei modellieren ließ, aus eigener Anschauung kannte.

Weiter heißt es bei Friedl Dicker: »Das Kind über 10 Jahren beginnt mit seinen Ausdrucksmitteln unzufrieden zu sein, die weitere Umwelt gewinnt für es Bedeutung. Nicht mehr, wie sie in seiner Fantasie besteht, sondern wie sie in Wirklichkeit ist, jetzt erst setzt der Formunterricht ein, der aber das Auflockernde oder das Lockerhalten nicht überdecken darf. Das Technische am Zeichnen und Malen muss genau nach dem Bedürfnis des Kindes ihm dargeboten werden. Die Elemente, mit denen es operiert, sind naturgemäß dieselben, wie die der ›großen Kunst‹, dadurch, daß man sie ihm bewußt macht, hält man ihm den Weg zu ihr offen – Grössen, Beziehungen von Grössen (Proportionen), Rhythmus, Hell, Dunkel, Plastik, Räumlichkeit, Farbe und die Ausdruckswerte von Über- und Untertreibung und Komposition.« Diese Worte finden ihre Bestätigung in den über 4000 erhaltenen Kinderzeichnungen aus Theresienstadt. Deutlich kann das geschulte Auge erkennen, daß Dicker sich in ihrem Unterricht an der Methodik ihres Lehrers Johannes Itten, wie sie sie im Bauhaus-Vorkurs kennengelernt hatte, orientierte. Gleich Itten ließ sie ihre Schüler rhythmische Übungen, Farbstudien und Studien zu Formencharakteren nach den geometrischen Grundelementen ausführen.

Oft forderte Dicker die Kinder auf, ganz spontan zu zeichnen, ohne Vorgabe eines

Kinderzeichnungen aus dem Zeichenunterricht Friedl Dickers, den sie im Gettho von Theresienstadt abhielt und der den Kindern die Gegenwart erleichtern sollte, aber auch Hoffnung machen wollte auf das mögliche Danach.
Eva Stein: Zentraltschechische Gebirgslandschaft (links).
Marianne Lang: Haus mit Garten (rechts).

Themas oder lange Überlegungen. Gerade in diesen Zeichnungen komme der psychische Zustand des Kindes zum Ausdruck: »Die Einfälle der Kinder sind nicht zu dirigieren. Nicht nur würde man sich einer Möglichkeit berauben in seine Ideenwelt einzudringen, man verlöre auch den Überblick über den jeweiligen Grad seiner Aufnahmebereitschaft und Fähigkeit und seiner psychischen Verfassung. Falls der Pädagoge genügend Erfahrung in der Übersetzung aus dem Gegenständlichen zurück ins Ursächliche hat, gewähren die Zeichnungen wichtige Einblicke und Hinweise auf das Seelenleben des Kindes.« (Skochavá, 1983, S. 26) Manchmal ging Friedl Dicker den Ursachen für Schwierigkeiten in Gesprächen mit den Betreuern nach, so im Fall eines Mädchens, das eine Zeichnung verfertigte, auf dem ein Haus mit fest versperrten Fenstern und Türen, eine einzelne Blume, Kleidchen und Möbel, alles zusammenhanglos und ohne Raum und Beziehung zueinander, zu sehen waren. Eine Betreuerin teilte Dicker mit, daß das Kind vor der Internierung in einem Heim gelebt hatte und dort sehr schlecht behandelt worden war, »nach einiger Zeit in Theresienstadt, wo das Kind gute Vormünder erhielt, entstand der gemütliche Tisch mit Lampe; sichtlich in einem Zimmer, wie das Bild an der Wand zeigt. Die Dinge gehören zusammen, sie sind in Fülle vorhanden; an Stelle des trockenen Strichs hat alles Breite und Ausdehnung.« Weiters beschreibt sie die spontanen Zeichnungen von einem Mädchen, zu deren Deutung sie Dr. Bäumelova, eine Psychologin, zu Rate zog: »Es wurde von einer sehr geliebten Erzieherin getrennt; das Haus (das immer das Kind selbst bedeutet, sagt Dr. Bäumelova) ist auf der ersten Zeichnung ganz ins Eck gedrückt, die Türe fest geschlossen, die Fenster leer, alle Linien depressiv geneigt. Beim zweiten, wo es sich unter liebevoller Behandlung erholt hat, aus der Erstarrung seines Kummers, rückt das Haus in die Mitte; in den Fenstern sind Vorhänge; die Tür hat ein Guckloch, es sind Blumen auf der Wiese und selbst die Sonne ist nicht ganz so flüchtig wie die erstmals gezeichnete. (…) Bei solchen Möglichkeiten auf einer guten Form, ja welcher Form immer zu bestehen, wäre gewiß nicht am Platz, da das Spontane alles ist. Und obwohl die Kinder geleitet werden müssen, ist doch Gelegenheit geben und abwarten das Eigentliche.«

Manchmal gab Dicker den Kindern ein allgemeines Thema vor, etwa aus dem Bereich des Familienlebens. Auf diese Weise gelang es ihr, in den Kindern die Erinnerung an positive emotionale Erfahrungen wachzuhalten.

Friedl Dicker ermutigte die Kinder, einem Thema, das ihnen besonders wichtig war, wiederholt Ausdruck zu verleihen und es im selbständigen Wählen, Finden und Erarbeiten der Form »künstlerischer« zu gestalten. Dabei entwickelt das Kind, so Dicker, Mut, Aufrichtigkeit und Ausdauer, es entfaltet seine Urteilskraft und Beobachtungsgabe, womit Friedl Dicker die Ich-stärkende Funktion des Formgebungsprozesses anspricht, von der später auch Edith Kramer ausgeht.

Eine der Schülerinnen Friedl Dickers war das Mädchen Erna Furman. Sie arbeitete als Betreuerin im Block L 318 und Friedl Dicker fragte sie, ob sie am Unterricht teilnehmen wolle. Erna Furman lebt heute als Kinderanalytikerin in Cleveland. Als 1971 Edith Kramers Buch »Art as Therapy with Children« an Furman zur Besprechung geschickt wurde, schrieb sie in einem Brief an Edith Kramer, daß sie ihr kunsttherapeutischer Ansatz stark an Friedl Dicker erinnere, deren Schülerin sie in Theresienstadt gewesen sei. Friedl Dicker habe mit ihren Zeichenstunden wesentlich zu ihrem psychischen Überleben beigetragen.

Friedl Dicker wurde am 6. 10. 1944 in das Vernichtungslager Auschwitz deportiert und ermordet. Ihr Unterricht der Kinder von Theresienstadt wurde für Edith Kramer zum Vermächtnis.

Zeichnung von Erna Furman, einer Schülerin Friedl Dickers aus Theresienstadt: Zentralbad (oben). Brief Erna Furmans an Edith Kramer anläßlich einer Rezension des Buches »Art as Therapy with Children« (1971) (unten).

16. Edith Kramer: New York 1938–1950

1938 gelang es Edith Kramer mit einem der letzten Schiffe in die USA zu emigrieren. Das Affidavit hatte ihr eine ehemals in Wien lebende amerikanische Künstlerin verschafft. In New York erwartete sie bereits ihre Tante Elisabeth Neumann, die schon einige Monate vorher emigriert war. Neumann arbeitete zu diesem Zeitpunkt in einem Beauty Salon, wie ihre Schwester Helene Wolff-Neumann mußte sie sich zunächst mit schlechtbezahlten, kurzfristigen Jobs durchschlagen.

Edith Kramer in ihrem ersten Jahr in der Emigration in New York, 1939.

Helene Wolff-Neumann über ihre Ankunft in New York

»Wir gingen in Southampton an Bord. Ich hatte noch morgens um 7 Uhr telephonisch mit meinen Eltern gesprochen und ihnen nochmals Adieu gesagt. Ich hatte gar keine Sorgen um sie; ich wußte, sie hatten ein gutes Affidavit und würden uns in etwa einem halben Jahr folgen – an Krieg dachte damals niemand – man meinte Hitler habe nun schon alle »Deutschen« befreit. So sehr wir uns freuten ins Land der »Freiheit« zu kommen, so sehr fürchteten wir uns auch vor dem neuen Leben. Wir hatten so gar nichts amerikanisches in und an uns, nicht das, was man dort darunter verstand. Wir waren der englischen Sprache in nur sehr geringem Grade mächtig. (...) wir merkten schon auf dem Schiff, daß wir die amerikanischen Stewards nicht mehr verstanden, als wenn sie chinesisch gesprochen hätten, und wenn wir englisch radebrechend etwas fragten, wurde uns deutsch oder jiddisch geantwortet. Daß wir, als wegen unseres Judentums vertriebene Juden, nicht jiddisch sprechen konnten oder wenigstens verstanden, war etwas ganz Unmögliches, direkt Widersinniges für die meisten amerikanischen Juden und sie haßten uns deshalb als die ›Goim‹ (...)
Bei der Ankunft ging alles an Deck, um die Freiheitsstatue zu sehen und die berühmte Skyline von Downtown-New York. Ich stand und schaute wie alle anderen, aber ich kann nur sagen, ich sah von all dem nichts (...). Alle meine Gedanken waren auf das Wiedersehen mit meiner Schwester und Nichte, mit den langentbehrten schon in New York weilenden Freunden gerichtet, und meine Seele war wieder einmal drüben im Zimmer meiner Eltern, wenn auch nur in einem einer fremden Wohnung abgemieteten Raum, aber doch gefüllt mit den alten vertrauten Möbeln und Bildern, möglichst in derselben Anordnung wie in dem Wohnzimmer im Hause, das die Familie seit etwa einem halben Jahrhundert bewohnt hatte. Ich wußte, daß die beiden Alten jede Phase unserer Reise verfolgt hatten und sicherlich in die-

Edith Kramer: Porträt ihrer Großeltern Felix Neumann und Anna Neumann-Lichtblau in New York aus dem Jahr 1940. Die beiden konnten mit einem Affidavit, das ihnen Elisabeth Neumann besorgt hatte, 1940 emigrieren.

ser Stunde an uns dachten und von uns sprachen. (...) Wenn ich mich auch an nichts deutlich erinnern kann, die aufregenden Gefühle dieser Stunde, die ein unwiderruflicher Abschied von dem alten Leben war, der alten Heimat, von Europa mit allem, was darunter verstanden werden kann, wirken, während ich dies niederschreibe, so erschütternd nach, als hätte ich es eben jetzt erlebt. Ich wußte genau, daß in dem Augenblick, wo ich meinen Fuß auf diesen Boden setzte, der schönere, glücklichere Teil meines Lebens zum Abschluß käme. Trotzdem blickte ich damals noch voller Mut und mit Zuversicht in die Zukunft.

Nun landeten wir – eine große Menge Menschen im Dunkeln, man konnte die Gesichter nicht erkennen, erwarteten das Schiff. Ich versuchte meine Schwester und meine Freunde zu erblicken. Ich rief ihre Namen. So viele Menschen riefen und winkten zu uns herauf, ich konnte nicht entnehmen, ob es uns anginge oder andere. Glaubst du, daß sie da sind, daß sie das Telegramm rechtzeitig bekommen haben, fragte ich zum x-ten Male meinen Mann, der sicherlich nicht weniger bedrückt war als ich, sich aber nichts anmerken ließ, außer daß er sehr still war.

Es dauerte zwei Stunden, bis alle Formalitäten erledigt waren und wir vom Schiff herunterkamen (...). Meine alte Jugendfreundin M. J. war schon vorher mit den social workers vom National Council of Jewish Women, wo sie als langjährige Beamtin des amerikanischen Konsulats in Wien bereits einige Tage nach ihrer Ankunft in New York eine Anstellung gefunden hatte, aufs Schiff gekommen, was eine große Freude und Erleichterung für uns war. Endlich konnten wir meine Schwester begrüßen, meine Nichte war schon nach Hause gegangen und andere Freunde auch, da es so lange dauerte. (...) Es war ein schreckliches Wirrwar und gräßlicher Lärm. Wir wurden in ein Auto verstaut. Plötzlich standen wir dann in einem großen Zimmer, das meine Schwester für uns gemietet hatte, man hatte Blumen und Proviant hineingestellt. Man ließ uns dann allein – meine Schwester und auch die Freunde wohnten ganz in der Nähe und wir sollten, nachdem wir uns etwas erholt haben würden, zu den Freunden ins Nebenhaus kommen.« (New York 1955, unveröffentlichtes Manuskript)

Im Gegensatz zu der anfänglich schwierigen Situation ihrer Tanten, die Arbeiten weit unter ihrem bisherigen beruflichen Niveau annehmen mußten, konnte Edith Kramer rasch eine Stelle finden, die ihrer bisherigen Ausbildung und Tätigkeit entsprach: Schon in den ersten Wochen wurde sie in der progressiven, in Greenwich Village gelegenen Schule »The Little Red School House« als Handwerkslehrerin angestellt. (Lima, 1944) Hierbei kam Edith Kramer ihre Herkunft aus dem »psychologischen« Wien mit seinem fortschrittlichen Erziehungswesen zugute, das auch in den USA hohe Reputation genoß.

Von 1943 bis 1945 arbeitete Edith Kramer im Rahmen des »War Effort« als Maschinistin in der Defense-Industrie. In der kleinen Werkzeugfabrik, wo es lange Zeit nur männliche Kollegen gab, entstanden zahlreiche Skizzen und Zeichnungen. 1943 hatte Edith Kramer in der Public Library ihre erste Ausstellung; aus diesem Anlaß erschien ein Artikel über sie in der von österreichischen Emigranten gegründeten Zeitschrift »Freiheit für Österreich«: »Die große Melodie ihrer Landschaft (...), die tragisch-glückliche Stimmung der Stadt (...) zeigen wirkliche Schöpferkraft, echtes Malertemperament, eine junge Persönlichkeit, in der Aussprache aus der Tiefe drängt und die Kraft, sich auszusprechen in Farbe, Fläche, Form natürlich und stark ist.« (Hofman, 1943) Die Ausstellung wurde von Ernst Waldinger eröffnet, Moses Soyer führte den Vorsitz. Karin Michaelis hielt eine Rede auf die junge Künstlerin und Rudi Serkin, mit dem Edith Kramer aus Grundlsee bekannt war, spielte Klavier. (Hofmann, 1943)

1944 folgte eine von der »Tribüne« organisierte Ausstellung, die von Berthold Viertel (dem späteren Ehemann ihrer Tante Elisa-

Die Schule, an der Edith Kramer kurz nach ihrer Ankunft in New York ihre erste Anstellung als Handwerkslehrerin fand: »The Little Red School House« (oben). Edith Kramer mit einer Freundin bei der Eröffnung ihrer ersten Ausstellung in der Public Library von New York 1943. Anläßlich dieser Ausstellung erschien ein Artikel in der Zeitschrift »Freiheit für Österreich – Anti Nazi Monthly. Austrian Democratic Review« (Mitte).
Edith Kramer im Gespräch mit dem Pianisten Rudolf Serkin in der Public Library 1943. Die beiden kannten einander schon von Grundlsee (unten).

Edith Kramer in ihrer ersten eigenen Wohnung in New York, in der Lower East Side, dem ehemaligen jüdischen Viertel von Manhattan. Auch heute lebt sie dort und spaziert täglich durch das Künstlerviertel Greenwich Village zu ihrem Atelier.

During the Second World War, 1943 to 1944, I worked for almost two years as a machinist in a shop located on Grand Street in New York City. The shop specialized in engraving and tool and die making. It employed highly skilled tool and die makers, engravers and lathe hands, along with a few general machinists, who prepared the job for the specialists. I was trained on the job to function as such a machinist.

The shop was well established, complete with all basic machines: lathe, drill press, grinders, shaper, and routing machines. Power was transmitted via conveyer-belts. Some of the complex engraving was still done by hand. Some of the toolmakers were ancient men who had returned to the workbench to contribute to the war effort. The foreman turned to one of those old-timers when he was stymied by a job that required ingenuity and manual skills that had died out with the advent of sophisticated machinery. I was for the better part of my employment the only woman on the job. Later on a young black woman was also hired.

I had at the onset required permission to make sketches of the shop on my own time after I had completed my shift. Thus while I acquired practical experience at running all basic machinery, I also accumulated an extensive collection of pen and ink drawings of men working at them, done at the site.

Today this collection of more than fifty pen and ink drawings has beyond its artistic merit also historical value as a documentation of the typical small specialized machine shop of the forties.

Edith Kramer

68

beth Neumann) mit folgenden Worten eröffnet wurde:

»Edith Kramer, ein junges Mädchen aus Wien, Emigrantin: ihre Bilder und Zeichnungen stellen sie besser vor, als jedes Curriculum Vitae es könnte. (...) Der menschliche und künstlerische Ursprung liegt in Wien und in Prag. Es gibt viele anheimelnde Blätter von ihrer jungen Hand, Aquarelle – sie messen und orientieren sich an der Landschaft der alten Welt. Auch die Porträts aus dieser Zeit haben noch das Intime, Eingelebte, Heimatliche. Immer zeugen sie zugleich von dem Mut, dem Ernst, der Wahrheitsfreude der jungen Künstlerin – zugleich von ihrem Werden, dem stetigen Fortschritt. Ihr Wien und Prag hat niemals fernab vom Paris Cézannes gelegen. Wenn sie auch immer frisch und unbekümmert erscheint, sie hat sich Gedanken gemacht – und die Gedanken der Periode nicht ausgelassen.

Ehe noch die Formen von New York auf ihrer Leinwand erschienen waren, hatte sie sich in das Leben der Stadt tätig eingereiht. (...) Sie wirkte in Settlement-Häusern, bei höchst zeitgemäßen Theatervorstellungen, denen sie einen lebendigen Rahmen gab. Heute arbeitet sie in einer Fabrik und kann nur zwei Tage in der Woche ... zeichnen und malen.

Die Hände sind um Tätigkeit ebenso wenig verlegen wie die Augen, oder das Herz und der Kopf. Ob es der Dienst an der Maschine in der Defense-Industrie ist; oder Tische und Stühle und Rahmen, die sie sich selber zimmert; oder kleine Holzplastiken, Puppen, Klebebilder: wo sie weilt, sind ihre Hände tätig, schaffen sie. Alles wird Figur und Gestalt, Form. Form: das ist ihre Antwort auf die Fragen des Lebens. Man hatte in der fortschrittlichen Jugend der Republik Österreich, bevor die Nationalfaschisten und nach ihnen die Nazis kamen, soziales Gefühl und Gewissen, man hatte Gesinnung; man war aktiv, auch wenn man nicht parteipolitisch, sondern künstlerisch tätig war. Was mir der Hauptzug im Wesen Edith Kramers zu sein scheint: ihre Wahrheitsfreude, ihr Mut zur Wirklichkeit. Deshalb sind ihre Bilder auch wieder gegenständlich (...) ich glaube, daß die Gegenständlichkeit bei Kramer eine neue Errungenschaft ist, etwas wie das Sich-klar-und-mutig-Zusammenhalten in zerfallender Zeit.« (Viertel, 1985, S. 3)

Mittlerweile war auch Elisabeth Neumann in ihrem früheren Beruf als Schauspielerin wieder erfolgreich tätig und erwog, in den USA zu bleiben. Doch als ihr Ehemann Berthold Viertel nach dem Krieg versuchte, im deutschsprachigen Raum wieder Fuß zu fassen, folgte sie ihm nach Wien.

Elisabeth Neumann-Viertel erinnert sich an die Emigration

»Finanziell habe ich es in den USA sehr schwer gehabt, furchtbar. Ich bin mit zehn Mark angekommen, dann habe ich bei einem Zahnarzt halbtags gearbeitet und sechs Dollar gekriegt. Ich habe das große Glück gehabt, Bekannte zu haben, die mich bei sich wohnen ließen. Dann bin ich – auch durch Beziehungen – in einen Beauty Salon eingetreten und habe fünfzehn Dollar die Woche bekommen. Später habe ich halt verdient; da ich meinen Vater miterhalten, meine Eltern miterhalten mußte – wir, alle Kinder zusammen, haben die Eltern herüberkommen lassen –, habe ich eigentlich nie Geld gehabt. Und mein Mann hat damals gar nicht viel verdient. Seine Frau, die Salka Viertel, die in Hollywood Drehbücher für die Garbo geschrieben hat, hat uns Schecks

Linke Seite: Edith Kramer über ihre Arbeit in der Werkzeugfabrik und die dabei entstandenen Zeichnungen (oben links). Die Maschinistin Edith Kramer, die für den »War Effort« arbeitete, gegen Kriegsende (oben rechts). Tuschezeichnung aus der Zeit als Maschinistin, die einen »Mann an der Maschine« darstellt, um 1944 (unten links) und ein Ölbild mit demselben Titel (unten rechts).
Diese Seite: Elisabeth Neumann-Viertel in ihrer Garderobe in New York in einer Aufnahme von Trude Fleischmann.

Edith Kramer in London 1949, aufgenommen von Lotte Meitner-Graf (oben links).
Elisabeth Neumann mit ihrem Mann Berthold Viertel in New York 1946 (daneben).
Porträt Berthold Viertel von Edith Kramer, um 1944.

geschickt. Wir haben nicht viel Geld gehabt, nicht, daß wir gehungert hätten. Ich habe ja dann immer wieder ganz gut verdient, nur mußte das eben aufgeteilt werden.
Man hat eigentlich nie damit gerechnet, daß man je wieder zurückkommt, ich wenigstens. Und ich wäre wahrscheinlich auch nicht zurückgegangen, wenn mein Mann nicht dringend zurück hätte wollen und gerufen worden wäre. Ich bin sicher. Ich habe mich in Amerika eingelebt, habe auch meine Familie dort gehabt, habe auch zu tun bekommen, gar nicht schlecht. Ich habe eigentlich immer Selbstvertrauen gehabt, und es hat sich – Gott sei Dank – auch bewahrheitet. Und es hat ja kein Mensch hier nach mir verlangt.«

Im Jahr der Rückkehr ihrer Tante nach Europa trat Edith Kramer eine zweijährige Reise durch Frankreich und England an. Sie entschied, Wien nicht zu besuchen. 1949 kehrte sie nach New York zurück. Sie war zu der Überzeugung gekommen, daß es in dieser Stadt für sie am ehesten möglich sei, ihre gegenständliche Kunst weiterzuführen: Hier konnte sie in Würde arm sein, so Kramer, und sie war nicht gezwungen, sich bestimmten Kunstrichtungen um jeden Preis anzupassen. Das Leben der Menschen in der Großstadt New York, die Subways, die Vorstädte mit der charakteristischen Mischung aus Wildnis und Industrie, blieben für Edith Kramer bis heute bevorzugte Themen ihrer Malerei.

17. Psychoanalytische Kunsttherapie

1950 begann Edith Kramer in der Wiltwyck School, einem therapeutisch geführten Heim für psychisch gestörte, oft in Slums aufgewachsene Kinder und Jugendliche im Alter von acht bis 13 Jahren zu arbeiten: »Angesichts von Menschen, die der Gesprächstherapie nicht zugänglich waren und für die auch Aichhorns Methoden mit verwahrlosten Jugendlichen umzugehen nicht immer paßten, suchte man Möglichkeiten, mit dieser Jugend Kontakt zu gewinnen. Kunsttherapie erwies sich als geeignet.« (Kramer, 1994) Die Wiltwyck School, wo sie bis 1957 tätig war, wurde von dem Individualpsychologen Ernst Papanek, der aus Wien einschlägige Erfahrungen aus der Erziehungsberatung mitbrachte, geleitet. Auf Papaneks Vorschlag hin wurde Kramers Tätigkeit als »Kunsttherapie« bezeichnet, ein Ausdruck, der auf Margaret Naumburg zurückgeht. (Ulman, 1991) Hierbei kam ihr die Psychoanalyse bei Annie Reich zugute, die sie bereits vor ihrer Europareise abgeschlossen hatte. Als sich abzeichnete, daß Kramer therapeutisch erfolgreich war, gewährte ihr die Schule nach fünf Jahren ein Arbeitsstipendium, um ihre Erkenntnisse in Buchform fassen zu können. 1958 erschien »Art Therapy in a Children's Community«, worin sie ihre Methode erstmals darstellt und sich der Öffentlichkeit als Kunsttherapeutin präsentiert. 1959 begann sie, an der New School for Social Research ihre ersten Kurse über Kunsttherapie abzuhalten.

1963 wurde Edith Kramer beauftragt, für die Kinderstation des städtischen Jacobi Hospital (das als Lehrkrankenhaus an das Albert Einstein Medical College angeschlossen war) ein Kunsttherapie-Programm einzurichten. Hier sammelte sie über 13 Jahre lang wichtige Erfahrungen, auch mit psychotischen Kindern, die sonst kaum einer Therapieform zugänglich waren. Daneben arbeitete sie mit blinden Kindern in der Jewish Guild for the Blind kunsttherapeutisch. Das klinische Material aus dieser Zeit

Edith Kramer mit ihren Schülern in der Wiltwyck School, New York 1952 (oben). Kurze Abhandlung von Edith Kramer »Why Art Therapy?«, aus der Ausstellung »Art and the Troubled Child« zum Kunsttherapie-Programm in der Wiltwyck School, 1958 (unten).

WHY ART THERAPY?

Art therapy is based on the understanding that all art is therapeutic in the largest sense of the word. The core of art therapy is the creative act which enriches the painter's inner life. The diagnostic value of painting is of secondary importance.

The deeply disturbed asocial child lives in isolation, emptiness and fear. He has learned to attack and to escape but has little knowledge of himself and others. Art helps the disoriented inarticulate child of the slums to discover himself and the world around him. It becomes a new language not yet burdened by memories of injury or degraded by the habit of mutual abuse; an area of symbolic living wherein conflict can be reenacted and resolved, where emotional gains may be relived and deepened. In this process, the painter's inner life becomes more structured, differentiated and more mature.

Art therapy cannot undo past injuries nor cure deep emotional disturbances.

It has the power to mobilize and develop inner resources, diminish the horror of isolation and thus help open the way to emotional growth and lasting rehabilitation.

Edith Kramer
Art Therapist, Wiltwyck School, 1950-57

Das Titelblatt des ersten Buchs von Edith Kramer: »Art Therapy in a Childrens's Community« aus dem Jahr 1958 (oben links).
Im »Bulletin of Art Therapy«, das später »American Journal of Art Therapy« hieß, erschien 1961 an erster Stelle Edith Kramers programmatischer Artikel »Art and Emptiness: New Problems in Art Education and Art Therapy« (oben rechts).
Darstellung der Wiltwyck School for Boys, ihrer Zielsetzungen und Ausrichtung, die besonderen Wert darauf legte, keine kirchliche Schule und vor allem für Kinder aller Hautfarben und Herkunft zugänglich zu sein (unten).

Zwei Aufnahmen von der Ausstellung »Art and the Troubled Child« in New York 1958. Die Ausstellung, die große Resonanz erhielt, wurde später in zahlreichen amerikanischen Städten gezeigt.

Kinder der Wiltwyck School mit einem der Lehrer (oben) und Edith Kramer zu Hause bei der Arbeit 1955 (unten).

ging ein in ihr 1971 erschienenes Buch »Art as Therapy with Children«, das in sieben Sprachen übersetzt wurde. Der Band, in dem sich Kramer mit Sublimierung, Kunst und Abwehr, Aggression und der Rolle des Kunsttherapeuten auseinandersetzt, gilt nach wie vor als grundlegender Text für angehende Kunsttherapeuten. (Wilson, 1993) Das Buch richtet sich auch an den »Lehrer-Therapeuten«, der den Kindern die Möglichkeit zu bieten sucht, in einer Welt, in der diese an passives In-Sich-Aufnehmen gewöhnt sind, Aktives und Schöpferisches zu leisten, wie Muriel Gardiner in ihrem Vorwort schreibt. Kramer widmet sich im ersten Teil der vermehrt auftretenden Symptomatik des Ich-schwachen Kindes und bringt sie mit den gesellschaftlichen Entwicklungen in Zusammenhang. Dieses Kind erfährt von den Erwachsenen wenig Unterstützung im Reifungsprozeß und wird stattdessen, so Kramer, mit den Ersatzbefriedigungen der Konsum- und Medienwelt abgefertigt. Ihren Erfahrungen nach neigt das »arme verwöhnte Kind« dazu, die Wirklichkeit zu übersehen und zu verneinen. Freie Zeichnungen, die dem Kind die Möglichkeit bieten sollten, Konflikte und Leidenschaften darzustellen, erstarren in »stereotypem Chaos«. Solch ein »Gekritzel« entsteht »aus dem inneren Bedürfnis, den seelischen Erschütterungen, die die schöpferische Arbeit mit sich bringt, auszuweichen.« (Kramer, 1978, S. 31) Anstatt mit der Ermutigung zu ungestalteten Produktionen der Angst des Kindes – vor der Vernichtung des Selbst durch seine übermächtigen Triebe – Nahrung zu geben, plädiert Kramer dafür, Formen zu entwickeln. »Die Betonung der Wichtigkeit der Entwicklung von Strukturen in der Kunst entspricht der therapeutischen Notwendigkeit im Ganzen. Die Kontrollen der jungen Menschen, die wir beschrieben haben, sind provisorisch und oberflächlich, nicht dazu geschaffen unter Druck standzuhalten. Rehabilitierung muß mit der Festigung des Ichs und der Objektbeziehungen beginnen. Identifizierungen und die Introjizierung von Werten muß unterstützt werden.«(Kramer, 1978, S. 35) Das Thema des Kunstwerks ist von Wünschen und Phantasien bestimmt, so Kramer. »Die Formgebung aber ist eine hochdifferenzierte Ich-Funktion, die große Ansprüche an die manuellen, geistigen und seelischen Kräfte des Kindes stellt.« (Kramer, 1978, S. 39)

Der Ich-psychologische Ansatz hat an Kramers theoretischem Konzept wesentlichen Anteil, zugleich verwehrt sie sich jedoch gegen eine Unterbewertung des Unbewußten. Gleich Ernst Kris bleibt für Kramer Regression Ausgangspunkt der künstlerischen Produktion. »Ich-Psychologie ist ungeheuer wichtig und natürlich ist Kunsttherapie hauptsächlich Ich-Stützung, aber wenn das Ich nicht Zugang hat zum Es, entwickelt es sich nicht und kann sich nicht entfalten. Man muß immer auch das Unbewußte und den Primärprozeß einbeziehen, sonst wird es leer. Wenn man nur auf den Primärprozeß geht, dann wird es chaotisch und führt zur Regression oder manchmal zu einer temporären Befreiung, die nicht anhält.« (Kramer, 1992)

Kramer trug dazu bei, die psychoanalytisch orientierte Kunsttherapie universitär zu verankern: 1975 entwickelte sie mit Laurie Wilson für die New York University das »graduate art therapy training program«, an dem sie bis heute als Adjunct Professor of Art Therapy mitwirkt. Außerdem unterrichtet Edith Kramer an der George Washington University in Washington DC, wo ein ähnlicher Studiengang besteht, »Psychodynamic Processes in Art Therapy«, sowie »Art for Art Therapists« und »Art as Therapy with Children«. Hierbei greift sie auf die Übungen von Johannes Itten zu Hell-Dunkel, zu Rhythmus und Farbe und zur taktilen Qualität zurück, um so das Einfühlungsvermögen der angehenden Kunsttherapeuten zu entwickeln. 1979 erschien Edith Kramers drittes Buch »Childhood and Art Therapy«, in dem sie sich besonders mit dem Verhältnis von Kunst und Spiel sowie mit Sublimierung und deren Vorläufern und Grenzen beschäftigt.

Kramer entwickelte ihren kunsttherapeuti-

COPY   March 7, 1955

Dear Miss Kramer:

Thank you very much for your letter of February 25th and the first part of your manuscript, which I have read with great interest. I think you have done a very fine job. There are very few passages where I have suggestions to make, and I have noted them on the margins. To make it clearer I shall single out here what I meant;..........

You will see that these are all very, very minor suggestions. I like best the parts on the place of the artist in the children's community and the subsequent case material. I think the examples you give for the social factors in art are fully striking, and I believe entirely new.

I am very glad to know that your work proceeds well. I think you should have your manuscript read by somebody who can better than I evaluate how far the choice of the very specific psychoanalytic terminology you use will be understandable to your readers. I like it very much, and appreciate it greatly. ....

With warm personal regards,

sincerely yours,

Ernst Kris

REISS-DAVIS CHILD STUDY CENTER
A Nonprofit Treatment Center for Emotionally Disturbed Children

Divisions of
Clinical Services
Training
Research and Prevention
Community Education

9760 West Pico Boulevard
Los Angeles, California 90035
Telephone: 277-1113

January 17
1 9 7 2

Miss Edith Kramer
c/o Schocken Books
67 Park Avenue
New York, New York 10006

Dear Miss Kramer:

Just a little while back I received from Schocken Books, Incorporated a copy of your book which was sent to me at your request. I want to thank you very much for your kindness. I am so glad that I have the book and I assure you it will make the rounds in our group of people who work with children and who are interested in the aspects of art therapy as described by you. I was so glad that Muriel Gardiner also mentions in her introduction the work of J. C. Hill and compares it to yours. I know his work very well and I have recently succeeded in having a book of his published by International Universities Press. In his "Teaching and the Unconscious Mind" as well as in earlier publications going back as far as 1924, he actually does describe similar methods as do you. It all is very much related to the kind of work that I am trying to do with teachers, work actually that had gotten me to know Mr. Hill. Anna Freud once suggested that I get in touch with him. Of course, we all—as I can see from your book—carry into our work an old European tradition, or rather the European psychoanalytic tradition concerning pedagogy. Much has changed since that time. We're a little better now but the basic philosophy is the one of these days and we must be grateful to our teachers for it.

I wish an occasion might arise where we could discuss these matters more fully. But in the meantime, it's wonderful to know that even though often one feels that one works in an isolated little island, that there are many little islands like that, and that we have connection with each other. I admire your work and your commitment to it and I wish you much success with your beautiful volume.

Warm regards,

Sincerely,

Rudolf Ekstein, Ph.D.
Director
Childhood Psychosis Project

RE:ms

Vorige Seite: Der Psychoanalytiker Ernst Kris schreibt Edith Kramer und bedankt sich für die Zusendung des Manuskripts von »Art Therapy in a Children's Community« (oben). Brief von Rudolf Ekstein, in dem er Edith Kramer für ihr zweites, 1971 erschienenes Buch »Art as Therapy with Children« dankt und sich ein Gespräch mit ihr wünscht (unten).
Diese Seite: Kurt R. Eisslers Reaktion auf Edith Kramers drittes Buch »Childhood and Art Therapy« (oben). Edith Kramer zu Weihnachten bei Anni Bergman in New York 1969 (unten).

schen Ansatz im Umfeld der aus Wien emigrierten »Psychoanalytic Community«. Gut befreundet war sie mit den »Grundlseerinnen« Bertl Bornstein, Annie Reich und Christine Olden, mit deren »Ziehtochter«, der Kinderanalytikerin Anni Bergman, sie auch heute noch eng verbunden ist. Anerkennung und Unterstützung erfuhr sie durch Ernst Kris, Heinz Hartmann, die mit Hartmann befreundete amerikanische Analytikerin Viola Bernard, sowie durch Kurt R. Eissler, Lili Peller (-Roubiczek) und Muriel Gardiner.

18. Zwischen den Welten

Edith Kramer bewegt sich als Emigrantin, Therapeutin und Künstlerin in mehrfachem Sinn zwischen den Welten. In New York lebte sie von Anfang an im Umkreis von Psychoanalytikern, die aus Wien, dem bisherigen Zentrum der Psychoanalyse kommend, sich hier beruflich bald integrierten. Sie erfuhr ihren eigenen Worten nach durch die positive Aufnahme, die auch sie in New York fand, die Emigration nicht sonderlich traumatisch. Es zeigte sich bald, daß sich ihr hier im Vergleich zum Nachkriegsösterreich, in das die Psychoanalyse nach ihrer Vertreibung verspätet und nur stark eingeschränkt zurückkehrte, weit bessere berufliche Chancen eröffneten. Auch ihre gewohnte Lebensform konnte sie in der Künstlerszene von Greenwich Village fortsetzen. Dennoch blieb die Sehnsucht nach ihrer ersten Heimat.

Als Edith Kramer nach dem Erfolg von »Art as Therapy with Children« an der New York University Mitte der siebziger Jahre in ihrem Studiengang eine reguläre Professur angeboten wurde, lehnte sie diese ab und entschied sich, ihre bisherige Doppelexistenz beizubehalten. Eine solche Verpflichtung hätte sie der Freiheit beraubt, für einige Monate jährlich nach Grundlsee zurückzukehren und sich nur ihrer Kunst zu widmen. Seit Jahrzehnten wohnt Edith Kramer in der Lower East Side, dem ehemaligen jüdischen Viertel von Manhattan. Ihr Atelier befindet sich nach wie vor in Greenwich Village. Auf ihrem täglichen Weg dorthin durchquert sie das Künstlerviertel Soho mit seinen Galerien für moderne Kunst. Hier blieb sie mit ihrer am Realismus orientierten Kunst Außenseiterin. Auf ihrer Alm in Grundlsee, wohin sie sich im Sommer für mehrere Wochen zurückzieht, malt sie das Tote Gebirge in milden Pastellfarben.

Das Wohnhaus Edith Kramers in der Delancey Street, Lower East Side (oben). Arbeiten im Atelier (Mitte und unten).

Das Haus in Greenwich Village, in dem sich das Atelier Edith Kramers befindet (links oben) und Aufnahmen von Edith Kramer in ihrem Atelier um 1984 (rechts oben und unten).
Rechte Seite: Arbeiten im Atelier an der Staffelei (oben links) und mit einem Modell (oben rechts und unten).

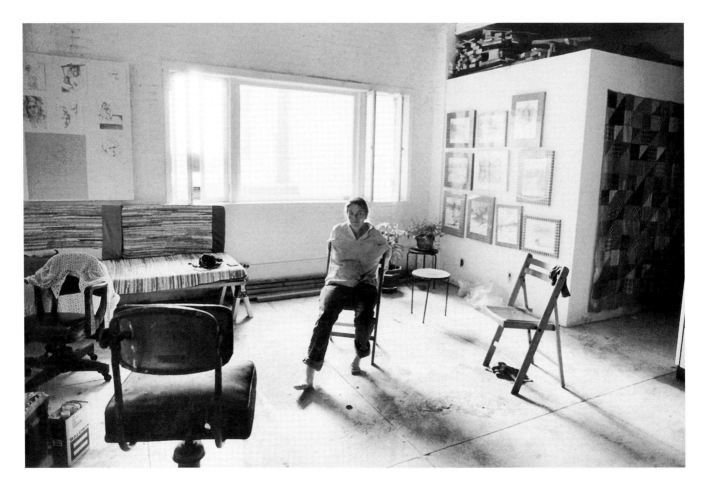

Edith Kramer in ihrem Atelier im Jahr 1996 (oben) und bei Arbeiten an Skulpturen mit einem ihrer Schüler in ihrer Wohnung 1979.

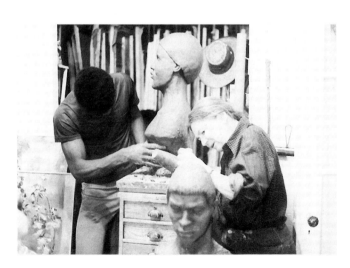
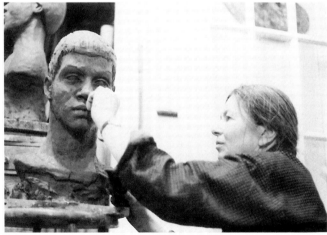

Edith Kramer: Paintings, Drawings & Sculpture from the New York Subways, 1940–1994 on Exhibit at Transit Museum

»What does the New York subway look like through the eyes of a young refugee from Central Europe? Edith Kramer arrived in New York City in the fall of 1938, fleeing Nazi Persecution in her native Vienna, Austria. Among her first American experiences was a ride on the subway. Being a trained and talented artist, Kramer immediately recognized a subject and now, fifty years later, she still finds the subway to be an endless source of material for sketch pad and canvas.« (Wie sieht die New Yorker U-Bahn für einen jungen Flüchtling aus Mitteleuropa aus? Edith Kramer floh aus ihrer Geburtstadt Wien vor den Nazis und kam im Herbst 1938 in New York City an. Eines ihrer ersten Amerikaerlebnisse war eine U-Bahnfahrt. Die geschulte und talentierte Künstlerin entdeckte hier sofort ein Sujet und heute, 50 Jahre später, bietet ihr die U-Bahn immer noch unzählige Motive und Vorlagen für den Skizzenblock und ihre Ölbilder. (Austria Kultur 1994, S. 3))

Seit ihrer Ankunft in New York war Edith Kramer von der New Yorker U-Bahn und den Menschen, die sie frequentieren, fasziniert. Bald schon begann sie, Skizzen und Zeichnungen von Subway-Szenen anzufertigen. So entstanden verschiedene Arbeiten, darunter auch Ölbilder, besonders hervorzuheben aber ist ein monumentales Mosaik der Subway, an dem Edith Kramer viele Jahre arbeitete. 1995 stellte sie es fertig, heute ist es in der U-Bahn-Station »Atlantic Avenue Station« in Brooklyn ausgestellt (unten). Edith Kramer an ihrem Mosaik arbeitend (oben).

Edith Kramer nimmt ihre Rucksackstaffelei auch auf ihre Almhütte mit (links oben und unten). Ölbild »September Schnee« 1994 (rechts oben). Edith Kramer mit Elisabeth Neumann-Viertel und einer Freundin (rechts unten).

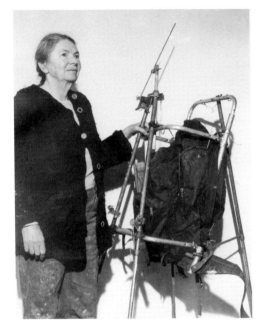

Literatur

Adam, Erik: Siegfried Bernfeld und die Reformpädagogik. Eine kritische Rezeptionsgeschichte. In: Fallend, Karl/Reichmayr Johannes: Siegfried Bernfeld oder die Grenzen der Psychoanalyse. Basel u.a. 1992.

Austria Kultur, New York 1994.

Bernfeld, Siegfried: Kinderheim Baumgarten. Berlin 1921.

Bernfeld, Siegfried: Zum Problem der jüdischen Erziehung. In: Der Jude I, 1916/17.

Buchbespechung von: Münz, Ludwig/Löwenfeld, Viktor: Plastische Arbeiten Blinder, Autor unbekannt. In: Zeitschrift für psychoanalytische Pädagogik (ZpsaP), X. Jg., 1936.

Buxbaum, Edith: Analytische Bemerkungen zur Montessori-Methode. In: ZpsaP, VI. Jg., 1932.

Chvojka, Erwin: Richard Kramer, der Bruder Theodor Kramers. In: Mit der Ziehharmonika. Zeitschrift der Theodor-Kramer-Gesellschaft. 2. Jg., Nr. 3, 1985.

Fallend, Karl: Von der Jugendbewegung zur Psychoanalyse. In: Fallend, Karl/Reichmayr, Johannes (Hrsg.): Siegfried Bernfeld oder die Grenzen der Erziehung. Basel u.a. 1992.

Fallend, Karl/Reichmayr, Johannes: Siegfried Bernfeld oder die Grenzen der Erziehung. Basel u.a. 1992.

Fuchs, Gerhard: »Knurrland«. Versuch der Analyse eines Kinderspieles. In: Bernfeld, Siegfried: Vom Gemeinschaftsleben der Jugend. Leipzig u.a. 1922.

Gauss, Karl-Markus: Natur, Provinz, Ungleichzeitigkeit. Theodor Kramer und einige Stereotypen der Literaturwissenschaft. In: Theodor Kramer 1897–1958. Dichter im Exil. Aufsätze und Dokumente. Hrsg. von Konstantin Kaiser. Wien: Dokumentationsstelle für neuere österreichische Literatur 1983.

Gerö, Liselotte: Psychoanalytische Gespräche mit einem kleinen Kind. In: ZpsaP, VIII. Jg., 1934.

Hammerschlag, Trude: Zur Psychologie von Kinderzeichnungen. – Die die Zeichnung bestimmenden Faktoren. Dissertation. Wien 1923.

Heller, Peter: Edith Kramer über Siegfried Bernfeld. In: Werkblatt 31, 1993.

Heller, Peter: Eine Kinderanalyse bei Anna Freud (1929–1933). Bittner, Günther/Heller, Peter (Hrsg.):Eine Kinderanalyse bei Anna Freud. Würzburg 1983.

Hoffer, Willi: Siegfried Bernfeld and »Jerubaal«. An Episode in the Jewish Youth Movement. In: Yearbook of the Leo Baeck Institute X, 1965.

Hofmann, Else: Ein Besuch bei Edith Kramer. In: Freiheit für Österreich – Anti Nazi Monthly. Austrian Democratic Rewiev. Vol 1, Nr. 12, Mid. – June, New York 1943.

Huemer, Antonia: Franz Cizek. Zwischen Kinderkunst und Avantgarde. Ein Pionier der Kunsterziehung. Diplomarbeit. Wien 1986.

Edith Kramer: Paintings, Drawings & Sculpture From the New York Subways, 1940–1994 on Exhibit at Transit Museum. In: Austria Kultur 4, 2, 1994.

Jungmann, Fritz: Autorität und Sexualmoral in der freien bürgerlichen Jugendbewegung. In: Fromm, Erich/Horkheimer, Max u. a.: Studien über Autorität und Familie. Forschungsberichte aus dem Institut für Sozialforschung. Bd. 2, Paris 1936.

Karpe, Richard: Prager Brief. In: ZpsaP, VIII. Jg., 1934.

Köhler, Elsa: »Werkunterricht in der Montessori-Schule«. Eine Entgegnung auf den Artikel Dr. Trude Hammerschlags. In: Die Quelle, 79. Jg., 1929.

Kramer, Edith: Art Therapy in a Children´s Community. A Study of the Function of Art Therapy in the Treatment of Wiltwyck School for Boys. Vorwort von Viola Bernard. New York 1958.

Kramer, Edith: Art as Therapy with Children, Einführung in die zweite Auflage von Laurie Wilson. Vorwort von Muriel Gardiner. Chicago 1993 (1. Aufl. 1971). Auf Deutsch: Kunst als Therapie mit Kindern. Vorwort von Muriel Gardiner. München u.a. 1. Aufl. 1971, 3. Aufl. 1991, 4. Aufl. 1997.

Kramer, Edith: Childhood and Art Therapy. Vorwort von Viola Bernard. Einführung von Laurie Wilson. New York 1979.

Kramer, Edith: Erinnerungen an Friedl Dicker-Brandeis. In: Mit der Ziehharmonika. Zeitschrift der Theodor-Kramer-Gesellschaft, 5. Jg. Nr.3, 1988.

Kramer, Edith: Interview, geführt von Ch. Z. im September 1992 in Grundlsee.

Kramer, Edith: Vom österreichischen Anteil an der Entwicklung der Kunsterziehung und Kunsttherapie in den Vereinigten Staaten aus der Sicht einer österreichischen Emigrantin. Unveröffentlichtes Manuskript. Grundlsee 1994.

Kramer, Theodor: Love in London. Translated by Frederick Brainin and Jörg Thunecke. Studies in Austrian literature, culture, and thought. Translation series, Riverside 1995.

Leichter, Käthe: Erinnerungen. In: Leben und Werk. Hrsg. von Herbert Steiner. Wien 1973.

Lima, Agnes de: The Little Red School House. Einführung von John Dewey. New York 1944.

Loewenfeld, Victor: Creative and Mental Growth. New York 1947.

Mattenklott, Gert: »Nicht durch Kampfesmacht und nicht durch Körperkraft ...« Alternativen Jüdischer Jugendbewegung in Deutschland vom Anfang bis 1933. In: Koebner, Thomas/Janz, Rolf-Peter/Trommler, Frank: »Mit uns zieht die neue Zeit« Der Mythos Jugend. Frankfurt a. M. 1985.

Mautner Markhof, Marietta: Franz Cizek und die »moderne Kunst« – Ornamentale Formenlehre an der Kunstgewerbeschule in Wien. In: Franz Cizek: Pionier der Kunsterziehung (1865–1946). Historisches Museum der Stadt Wien. Ausstellkat. Wien 1985.

Molnar, Michael (Hrsg.): Sigmund Freud Tagebuch 1929–1939. Kürzeste Chronik. Basel u.a. 1996.

Mühlleitner, Elke: Biographisches Lexikon der Psychoanalyse. Tübingen 1992.

Münz, Ludwig/Löwenfeld, Viktor: Plastische Arbeiten Blinder. Brünn 1934.

Neumann-Viertel, Elisabeth: Du mußt spielen. Wien 1994.

Neumann-Viertel, Elisabeth: Interview, 4.12.1984. Dokumentationsarchiv des österreichischen Widerstandes.

Papanek, Ernst: Re-Education and Treatment of Juvenile Delinquents. In: American Journal of Psychotherapy, Vol. XII, Nr. 2, April 1958.

Parik, Arno: Friedl Dicker-Brandeis. in: Judaica Bohemiae, XXIV, 2, 1988.

Scheu, Friedrich: Ein Band der Freundschaft. Schwarzwald-Kreis und Entstehung der Vereinigung Sozialistischer Mittelschüler. Wien u.a. 1985.

Skochavá, Jarmila: Das literarische Vermächtnis von Friedl Dicker-Brandejsová. In: Judaica Bohemiae, XIX, 1, Prag 1983.

Stolberg, Maria: Formlehre und Formwille der Zeit. Franz Cizek an der Kunstgewerbeschule 1903–1934. Diplomarbeit. Wien 1993.

Viertel, Berthold: Die Malerin Edith Kramer. In: Mit der Ziehharmonika. Zeitschrift der Theodor-Kramer-Gesellschaft. 2. Jg., Nr. 3, 1985.

Vom Bauhaus nach Terezín. Friedl Dicker-Brandeis. Ausstellkat. Frankfurt a. M. 1991.

Wick, Rainer: Johannes Itten und das frühe Bauhaus. In: Vom Bauhaus nach Terezín, 1991.

Wick, Rainer: Zwischen Rationalität und Spiritualität – Johannes Ittens Vorkurs am Bauhaus. In: Das frühe Bauhaus und Johannes Itten. Katalogbuch. Ostfildern-Ruit 1994.

Wolff-Neumann, Helene: Unveröffentlichtes Manuskript, New York 1955.

Ulman, Elinor: Introduction to »Therapeutic Aspects of Art Education« by Victor Lowenfeld. In: The American Journal of Art Therapy, Vol. 25, No. 4, 1987.

Ulman, Elinor: Variationen über ein Freudsches Thema: Drei Theoretikerinnen der Kunsttherapie. In: Rubin, Judith Aron (Hrsg.): Richtungen und Ansätze der Kunsttherapie. Theorie und Praxis. Karlsruhe 1991.

2 x Bauhaus in Wien. Franz Singer. Friedl Dicker. Austellkat. Wien 1988.

Zwiauer, Charlotte: Emma Plank (-Spira) (1905–1990): Von der Montessori-Pädagogik zur psychoanalytischen Pädagogik. In: Frauen im Umkreis des Austromarxismus. Mitteilungen des Instituts für Wissenschaft und Kunst, 50. Jg., Nr. 3, 1995.

Benutzte Archive:
Archiv der Hochschule für Angewandte Kunst
Archiv der Universität Wien
Archiv Georg Schrom
Wiener Stadt- und Landesarchiv

Karl Stockreiter

Edith Kramers kunsttherapeutischer Ansatz – eine Gratwanderung zwischen Psychoanalyse und Kunst

Vorspiel

Die Kunst und die Psychoanalyse begegnen sich an einer Weggabelung auf halber Höhe zur Gößleralm. Die Kunst trägt bequeme urbane Bauhauskleidung, die Psychoanalyse ein Ausseerdirndl.

Psychoanalyse (unangenehm überrascht): *Sie sind auch eingeladen? Wieso denn? Sie ist doch Künstlerin genug. Was sie braucht ist eine vernünftige, aufgeklärte Freundin, auf die sie hören kann, wenn die Phantasien mit ihr da oben durchgehen. Außerdem: Zu dritt passen wir nicht in die winzige Hütte.*
Kunst (lachend): *Sie wird Platz für uns beide haben oder uns beide wegschicken.* (Spöttisch): *Für Sie, meine Liebe, wird ein Almaufenthalt sicher von Vorteil sein. Die geschlossenen Räume der Praxen in New York, Buenos Aires und Wien haben ihren Teint blaß werden lassen.*
Psychoanalyse: *Lassen Sie das. Ich kenne Sie. Mein Vater hat mir von Ihnen erzählt. Sie sind sinnlich, gefährlich und lasziv. Eine femme fatale, eine Frau, deren betäubende Gesellschaft er suchte, wenn er Trost vor der unerbittlichen Macht der Naturgesetze, der Ananke, nötig hatte.*
Kunst: *Ah, eine Frau für gewisse Stunden! Was geschah denn in Berlin vor dem Pergamon-Altar, im Dom von Orvieto vor den herrlichen Fresken Signorellis, die von den letzten Dingen handeln? Ich lehrte ihn, die Spuren auf der abgegriffenen Oberfläche der menschlichen Leidenschaft abzulesen. Ich brachte ihm die Ahnungen, die Ausbrüche des Hasses, der jähen Liebe nahe. Die Erschütterungen von Tod und Sexualität, hätten sie ihn ohne mich ergriffen?*
Psychoanalyse: *Daß ich nicht lache! Was konnten Sie ihm schon nahebringen? Mit ihrer weiblichen Intuition – »endopsychisches Wissen« nannte er es – tapezieren Sie die Welt aus. Und er mußte Ihnen, die nichts begriff, diese Magie auch noch verständlich machen.* (Nach einer kurzen Pause, triumphierend): *Übrigens, wissen Sie, welchen Ausdruck er für Sie fand? »Verführungsköder«: ein Lockmittel, mit dem Männer Frauen und Frauen Männer an Land ziehen.* (Sie setzt sich erschöpft auf einen Baumstumpf.)
Kunst: *Daß Ihnen mit Ihren jungen 100 Jahren schon die Luft ausgeht! Oder liegt's an der Kleidung? Warum müssen Sie sich auch immer so anpassen!* (In verändertem, schwärmerischem Ton): *Sie sind eifersüchtig, meine Liebe. Mit gutem Grund, wie ich zugeben muß. Was hatten wir nicht für eine schöne Zeit miteinander, ich und Ihr Vater, damals in den heißen Sommern in Italien, die schlaflosen florentiner Nächte, Siena, die Konvulsionen in Rom …* (Nachdenklich): *Und vielleicht könnten Sie heute nicht mit mir sprechen, wären überhaupt nicht …*
Psychoanalyse (unterbricht sie empört): *Was unterstehen Sie sich! Sie waren Gift für ihn. Wie das Kokain! Und er riß sich von Ihnen los, wie vom Kokain!*

Sie haben die Hütte verfehlt und befinden sich in einem Geröllfeld im Hochgebirge. Der Laut der Glocken an den Hälsen der Schafe, die zwischen dem Gestein das spärliche Gras abzupfen, unterbricht die Stille. Im flimmernden Licht ist in der Ferne eine Gestalt erkennbar, die mit einem Strohhut auf dem Kopf hinter einer Leinwand sitzt.
Kunst: *Das ist ja die Edith Kramer! Gehen wir zu ihr und vergessen unsere kleine Meinungsverschiedenheit für einen Augenblick.*

I.

Die Ambivalenz gegenüber Künstlern und ihren Werken zieht sich wie ein roter Faden durch Freuds Schriften. Kunstwerke konnten durch ihre Mittlerschaft zwischen dem Unbewußten und der Rationalität ersehnte Einsichten in die Rätsel der Psyche geben und es ist daher nicht verwunderlich, daß Freud die Künstler als »wertvolle Bundesgenossen« betrachtete, die »aus Quellen schöpfen, welche wir noch nicht für die Wissenschaft erschlossen haben.« (Freud, 1907, S. 14) Doch diese Wertschätzung war zugleich ein Stachel in seinem Konquistadorentemperament, da er als Rivale auf ein Territorium trat, das bislang der Kunst, nicht der Wissenschaft vorbehalten war, und so versäumte er es nicht, die Arbeit der Künstler an anderer Stelle als Narkotikum zu entwerten. Dieselbe Ambivalenz wird sichtbar, wenn Freud zwar im allgemeinen empfiehlt, den Umgang mit dem Künstler wegen dessen Verantwortungslosigkeit zu meiden und doch keinen Zweifel daran aufkommen läßt, daß eine gute Darstellung der Psychoanalyse mit Diskretion unvereinbar ist: »Man muß ein schlechter Kerl werden, sich hinaussetzen, preisgeben, verraten, sich benehmen wie ein Künstler, der für das Haushaltungsgeld der Frau Farben kauft oder mit den Möbeln für das Modell einheizt. Ohne ein solches Stück Verbrechertum gibt es keine richtige Leistung.« (Freud/Pfister, 1963, 36) Gleichwohl hatte er sich von den fragwürdigen Unternehmungen einiger seiner »Zauberlehrlinge«, wie Karl Kraus Freuds Schüler nannte, distanziert, die der Versuchung nicht widerstehen konnten, den künstlerischen Schaffensprozeß auf neurotische Impulse zu reduzieren und die Kunstwerke als pathologische Fallstudien über den Künstler zu lesen. Vielversprechender schien ihm die Analyse der Erfindungs- und Schaffenskraft des Künstlers zu sein, um unbewußte Prozesse begreifen zu können. Dadurch konnte auch das Publikum, das vom Kunstwerk gebannt war, in die Interpretation miteinbezogen werden. Nach seiner Theorie der Vorlust, die im Widerspruch zu seinem eher konservativen, »viktorianischen« Kunstgeschmack steht, der die Form als Ablenkung vom geistigen Inhalt eines Werkes betrachtete, mildere der Künstler den selbstsüchtigen Charakter seiner Phantasien, indem er sie in eine Form gießt, die uns besticht und uns verlockt, die Widerstände aufzugeben, um ohne Schuldgefühle in den Genuß tiefreichender, sonst verbotener psychischer Quellen zu gelangen. Die Faszination der ästhetischen Schöpfung rühre allerdings nicht, wie im Traum, von der zwanghaften Wiederkehr des Verdrängten her, sondern von den wiedererweckten frühkindlichen Wünschen, die einmal in der Vergangenheit gestillt waren. In seiner Leonardo-Studie schreibt Freud, daß Leonardo das wiedergefundene verzückte Lächeln der Mutter als Kunstwerk erschafft. »Mit Hilfe seiner urältesten erotischen Regungen feiert er den Triumph, die Hemmungen in seiner Kunst noch einmal zu überwinden.«(Freud, 1910, S. 156)
Hier stieß die psychoanalytische Kunstbetrachtung auf eine Grenze, die in der Undurchsichtigkeit der Sublimierungsvorgänge, vor allem aber in dem damit verknüpften Problem der ästhetischen Qualität begründet liegt. Vom biographischen Ereignis Leonardos zur Darstellung des Lächelns der Mona Lisa durch die Anwendung der Technik des chiaroscuro und der künstlerischen Formentradition – Leonardo nimmt das Lächeln archaischer griechischer Statuen und der Figuren seines Lehrers Verrocchio auf – waren keine Brücken geschlagen. Was sich denken ließ, war die Verwandlung des Triebes in eine erstarrte Form der Sublimierung, während die durch das Werk erregten inzestuösen Affekte – der Vergänglichkeit preisgegeben – »ausgetobt« wurden, bevor sie den harmlosen ästhetischen Rahmen sprengen konnten. (Freud, 1962, S. 163)

II.

Wir haben es demnach mit einem theoretischen Spannungsverhältnis zu tun: Einerseits verspricht das Wissen von den Gesetzen des Unbewußten und deren Wirkungen, Einsichten in die Dynamik des kreativen Prozesses geben zu können, andererseits werden die Formkategorien vernachlässigt. Vor dem Hintergrund dieser schwierigen, verstrickten Beziehung der Psychoanalyse zur Kunst wächst die Neugierde, wie die Künstlerin und Kunsttherapeutin Edith Kramer, die stets auf die Bedeutung der Psychoanalyse für ihr Denken und ihre Arbeit hinweist, zugleich aber auch den therapeutischen Effekt ästhetischer Qualität betont, mit diesem Spannungsverhältnis umgeht.

In meinem Beitrag verfolge ich ein bescheidenes Ziel. Ich möchte – ansatzweise zumindest – die Wege, auf denen Kramer die Psychoanalyse in Beziehung zu einem künstlerischen Medium setzt, nachzeichnen und die Verbindung zwischen psychoanalytischer Theorie und therapeutischem Erfolg in der künstlerischen Arbeit mit Kindern, die sie in ihren Veröffentlichungen demonstriert, verdeutlichend zusammenfassen. Mit ein wenig Glück lassen sich dadurch Hinweise geben, die aus der zwischen Anziehung und Abwehr pendelnden Ambivalenzbeziehung der Psychoanalyse gegenüber der Kunst führen, und die es erlauben, die Kunst, wie anfangs, nicht als bloßes Untersuchungsobjekt der neuen Wissenschaft zu betrachten, sondern als Verständnismodell für psychische Vorgänge.

Als Skizze für Edith Kramers theoretisch-therapeutischen Ansatz eignet sich eine Passage aus der Einleitung ihres Buches »Art as Therapy with Children« (1971), die als programmatisch gelten kann. Ich zitiere die von mir leicht modifizierte deutschsprachige Übersetzung ihres Textes:

Mein Standpunkt ist der eines ausübenden Künstlers und Erziehers, der Erfahrung in diesen Bereichen mit allgemeinem Wissen über normale und pathologische Prozesse in der Kindheit verbindet. Mein Verständnis der Psychologie des Kindes basiert im wesentlichen auf dem psychoanalytischen Denken Freuds. Das Hauptgewicht meiner Arbeit aber beruht auf der therapeutischen Wirkung der Kunst und darin unterscheidet sie sich von Formen der Psychotherapie, in denen die bildnerischen Produkte des Patienten hauptsächlich als Hilfsmittel eingesetzt werden. So basiert zwar der therapeutische Zugang auf einer geschärften Aufmerksamkeit gegenüber psychischen Prozessen, an denen das Unbewußte beteiligt ist; die therapeutischen Interventionen jedoch, über die berichtet wird, beziehen sich nicht auf das Aufdecken und Deuten unbewußter Vorgänge. Die Aufgabe der Kunst-Therapie beschränkt sich vielmehr auf die Stützung des Ich, die Förderung des Gefühls persönlicher Identität und der Reifungsprozesse im allgemeinen. Ihre wichtigste Funktion beruht auf der besonderen Fähigkeit der Kunst, die Entwicklung einer psychischen Organisation zu fördern, die auch unter Druck funktionieren kann, ohne zusammenzubrechen. So wird das Ich nicht gezwungen, sich durch allzu starke, entwicklungshemmende Abwehrmechanismen gegen die Triebgefahr zu schützen. In diesem Sinn ausgeführt, wird die Kunst-Therapie zu einem wesentlichen Bestandteil des therapeutischen Milieus, und eine Form der Behandlung, die die Psychotherapie ergänzt, aber nicht ersetzt. (Kramer, 1991a, S. 11)

Kein Zweifel, hier wird die Psychoanalyse nicht als ein Kanon feststehender Wahrheiten auf den Bereich der Kunst »angewandt«: die Kunstwerke werden nicht – wie der Traum – als Vehikel für klinische Einsichten eingesetzt, sie müssen aber auch nicht die Gegenprobe für die Richtigkeit psychoanalytischer Erkenntnisse abgeben. Kurzum, keine Techniken der Purifizierung sind am Werk, wie so oft bei psychoanalytischen Ausflügen in die Kunstsphäre.

Worin besteht nun, wenn Skylla und Charybdis der psychologischen Vereinnahmung der Kunst erfolgreich umschifft sind, die Bedeutung psychoanalytischen Denkens in Kramers Auffassung der Kunsttherapie? Gewiß ist sie, wie Freud, an der Frage interessiert, warum Kunst eine so große Wirkung besitzt. Aber davon abgesehen? Zunächst können wir festhalten, daß Kramer, um die Funktion von Kunst als Therapie verständlich zu machen, die Aufmerksamkeit auf zwei unterschiedliche Bereiche und deren Zusammenwirken lenkt: auf die physische Handhabung der Kunstmaterialien mit dem Ziel, diese in einer Weise zu formen, daß sie als symbolische Äquivalente menschlicher Erfahrung dienen können, und auf die psychischen Vorgänge, die der schöpferischen Arbeit zugrunde liegen. Gerade den Zusammenhang zwischen den Produkten und den psychischen Prozessen, die während des Schaffens am Werk sind, aufzuspüren, ist für Edith Kramer die Aufgabe des Kunsttherapeuten und zu diesem Zweck tritt die Deutung unbewußter Inhalte gegenüber der Form des Kunstwerks als Ich-Funktion und als symbolisches Gleichnis in den Hintergrund. Da die therapeutische Wirkung von den psychischen Prozessen ausgeht, die bei der kreativen Arbeit tätig werden, brächte die Deutung unbewußten Materials die Gefahr mit sich, den Schaffensvorgang, der sich versteckter libidinöser und aggressiver Energie bedient, ins Stocken zu bringen. (Kramer, 1991a, S. 44) Die künstlerische Form, die Gleichnischarakter für Erfahrungen besitzt, wird durch Sublimierungsvorgänge, die einen komplizierten Ausgleich intrapsychischer Kräfte beinhalten, hergestellt. Man kann also sagen, die Bedeutung der Psychoanalyse in Kramers Theorie und Praxis der Kunsttherapie zentriert sich um die Auffassung der Symbole und das Konzept der Sublimierung. Auf beide Begriffe kann in der psychoanalytischen Literatur nicht verzichtet werden, obwohl das Fehlen einer zusammenhängenden Theorie des Symbols und der Sublimierung sich oft als Lücke bemerkbar macht.

Über den Versuch nun, auf diese psychoanalytischen Begriffe genauer einzugehen, um den außergewöhnlichen Gebrauch, den Kramer von ihnen macht, zu verdeutlichen – entgegen ihrer bescheidenen Formulierung, daß sie sich diese Ausdrücke nur »ausleiht«, bin ich davon überzeugt, daß ihre Auffassungen zu einer Revision und Neufassung dieser prekären Begriffe beitragen können – soll etwas nicht vergessen werden: Geglückte Sublimierung und ein fertiges Produkt, das Symbolfunktion besitzt, sind keine Selbstverständlichkeit. Obwohl der Zugang der Kinder zum künstlerischen Ausdruck aufgrund ihrer unvollständig konsolidierten Abwehrmechanismen und der symbolischen Tätigkeiten des Spiels und der Phantasie erleichtert ist – erwähnt wird, daß in der Latenzperiode, also in der Zeit zwischen sechs und zwölf Jahren, die meisten Menschen Künstler wären –, wirkt bei der schweren Psychopathologie der von ihr beschriebenen Kinder jede Sublimierungsleistung und die Befriedigung daran wie ein Wunder. (Kramer, 1991a, S. 37)

Um dieses Wunder zumindest ein Stück weit in säkulare Begrifflichkeit zu übersetzen, ist es nützlich, den Blick auf die unterschiedlichen Behandlungen der Kunstmaterialien in der kunsttherapeutischen Arbeit mit Kindern zu lenken. In der Aufzählung der verschiedenen Wege folge ich der übersichtlichen Darstellung Laurie Wilsons in ihrer Einleitung zu Kramers drittem Buch »Childhood and Art Therapy« (1979). Die ersten vier Wege – und dies weist auf den Wert gelungener artistischer Sublimierung hin – können nicht als Kunst bezeichnet werden, sondern als einleitende Tätigkeit oder als Symptome, die für gewöhnlich die psychischen Grenzen und die eingeschränkte Kommunikation widerspiegeln. Die erste Kategorie besteht aus »vorbereitenden Aktivitäten« (precursory activities) und bezeichnet das Kritzeln und Schmieren als Erforschen der physischen Eigentümlichkeiten des Materials, das als positiv und ich-synton erfahren wird. Die zweite wird als »chaotische Entladung« (chaotic discharge) beschrieben und umfaßt Handlungen wie Verschütten, Verspritzen von Farbe, das Zerdrücken von plastischem Material, die zu einem Kontrollverlust führen. Die dritte Kategorie »Stereotype« (stereotypes) betrifft Kunst im Dienst der Abwehr. Dieser Kategorie widmet Kramer besondere Aufmerksamkeit, weil das hergestellte stereotype Chaos nicht nur den Versuch darstellt, den Erschütterungen, die die schöpferische Arbeit mit sich bringt, auszuweichen, sondern einem Abwehrvorgang gehorcht, der als gesellschaftlicher Druck auch die Ausbildung und Arbeit des Kunsttherapeuten mit Entfremdung bedroht. (Kramer, 1986, S. 83) Die letzte dieser Gruppen ist die »Bilderschrift« (pictograph) – eine bildliche Form der Kommunikation, die die Wörter ersetzt und deren Privat-Code den Außenstehenden für gewöhnlich unverständlich bleibt.

Die fünfte Kategorie – und nur dieser gehört hier unsere Aufmerksamkeit – nennt Kramer »geformter Ausdruck« (formed expression); als solche wird die Produktion von symbolischen Konfigurationen definiert, deren Funktion sowohl der Selbstausdruck als auch die Kommunikation ist. Geformt ist der Ausdruck des Künstlers, da er nicht unmittelbar ist, sondern ein durch die Kunstmittel hergestelltes Äquivalent, das die Macht hat, ursprüngliche Emotionen zu wecken. Daß diese Erfahrung, weit davon entfernt das schmerzliche Ereignis zu sein, das es in der Realität wäre, auch noch dem Betrachter Genuß und dem Künstler die Befriedigung verschafft, die schöpferische Arbeit geben kann, findet ihre Erklärung in der künstlichen Welt der Symbole, durch die in einem Vorgang der Affektumwandlung sonst verfemte und zerstörerische, unbewußte Phantasien anschaulich werden. Das hergestellte Kunstwerk – das sich von anderen Arten des bildnerischen Ausdrucks nach Kramers Definition durch die Ökonomie der Mittel, innere Konsistenz und evokative Kraft auszeichnet – macht die Einheit zwischen der Behandlung des Materials durch das Kind und des resultierenden Produkts sichtbar und damit auch die enge Verflechtung von Sublimierung und Symbol.

»Künstlerische Sublimierung beginnt«, so Kramer in ihrem ersten Buch »Art Therapy in a Children's Community«, »wenn der Künstler den Impuls, seine Phantasien auszuagieren durch den Gebrauch visueller Bilder ersetzt. Diese Schöpfungen werden nur dann Kunstwerke, wenn es dem Künstler gelingt, sie für andere bedeutungsvoll zu machen. Der vollständige Akt der Sublimierung besteht daher in der Erschaffung von Bildern mit dem Zweck, einer Gruppe sehr komplexes Material zu vermitteln, das der Kommunikation in keiner anderen Form zur Verfügung stünde. Form und Inhalt werden zu einem untrennbaren Ganzen«. (Kramer, 1958, S. 15; übersetzt v. K. S.)

Bleiben wir einen Augenblick bei dem Gedanken stehen, daß sich bei der Sublimierung Phantasien, die der Logik des Unbewußten folgen, an einen anderen wenden, für den die Phantasien Bedeutung erlangen. Anders als im Traum, in dem der Ausdruck in der Einsamkeit des Schlafes gefangen bleibt, doch analog zur Bildung des Witzes, wird ein für das Bewußtsein verlorener Gedanke dem Primärvorgang, also dem Wirken des Unbewußten überlassen, um in einem nächsten Schritt in einer für die anderen verständlichen Form mitteilbar zu werden. Die bewußten Gedanken werden beim Witz nicht wie im Traum oder in der Psychose durch die Vorgänge des Unbewußten wie Verdichtung und Verschiebung überwältigt, sondern das Ich macht von diesen Mechanismen Gebrauch, um einem Gedanken, der einfach herausgesagt Unlust bereiten würde, eine Form zu verleihen, die Lust bereitet. Somit wird in einer sozial institutionalisierten Form ein Gleichgewicht zwischen unterschiedlichen psychischen Kräften gefunden. Kein Zufall, daß gerade der Witz mit seiner heiklen Balance zwischen vorbewußten Gedanken und unbewußter Verarbeitung und der Verbindung zwischen Triebökonomie und einem Medium das geeignetere Modell einer psychoanalytisch orientierten Ästhetik bildet, als Freuds explizite Schriften zur Kunst. (Gombrich, 1993, S. 261) Die Nähe zwischen Kunstarbeit und Witzarbeit ist unübersehbar. Wenn – Kramer betont es – bei der künstlerischen Sublimierung Form und Inhalt zusammenfallen, weil das in den Bildern kommunizierte unbewußte Material nur in dieser Form erfahrbar wird, dann erinnert das an die Bildung des Witzes, in der ein witziger Einfall mit einem Schlag, gleichzeitig mit seiner Einkleidung, da ist. (Freud, 1905, S. 157) Irreführend ist die Vorstellung, daß der Künstler nach Formen sucht, in denen er seine an sich bewußtseinsfähige Innenwelt nur einkleiden muß, um sie für die Allgemeinheit sichtbar zu machen. Stil und Formenschatz sind keine Transportmittel, die lediglich den Stand schon erreichter Selbsterfahrung mitteilbar machen. In seiner Kritik an populären Auffassungen der Freudschen Ästhetik nennt Ernst Gombrich es einen Fehler, das Wort »Ausdruck« in der Kunst buchstäblich zu nehmen. Er geht soweit zu sagen, daß das Zeichensystem die Botschaft bestimmt, die Verpackung es ist, die den Inhalt erzeugt. Wörtlich: »Nur jene unbewußten Ideen, die der Realität der formalen Strukturen angepaßt werden können, werden mitteilbar.« (Gombrich, 1993, S. 264) Phantasien und Ängste sind nur in dem Maß kommunizierbar, in dem die unbewußten Prozesse mit formalen Strukturen in Verbindung stehen, die vom vorbewußten System abhängen. Von diesem Blickwinkel aus ist das Verständnis des Kunstmaterials und der Sprache der bildnerischen Formen unverzichtbar. Versuchen wir dies an einem der Fallbeispiele zu zeigen, an denen Kramer das »Wunder« geglückter Sublimierung und Symbolbildung unter schwierigen Bedingungen erklärt. (Kramer, 1979, S. 15–23) Remos gemaltes »Ghost House« war beunruhigend. Die Bildersprache selbst war konventionell: ein Haus mit verschlossenen Fenstern und einem Überfluß an starrenden Augen. Die Behandlung der Farbe und die exzellente Raumaufteilung indes machten es außergewöhnlich. Remo begann sein Geisterhaus, indem er ein weißes Blatt mit schwarzer Farbe bemalte und dann reines Weiß auf die schwarze Fläche auftrug. Er plazierte das Haus in die rechte Ecke des Bildes und malte die Umrisse von sieben Augen mit Augenbrauen, die in finsterer Nacht treiben. Schließlich setzte er in die gelbe Iris ein schwarzes X als Pupille, das im Brennpunkt des Auges in aggressiver Weise die Dunkelheit ringsum wiederholt. Der schwarze Hintergrund suggeriert unendliche Räume, in denen weder Haus noch Augen Ruhe finden können. Da nur die Umrisse des Hauses zu sehen sind, scheint die umgebende Dunkelheit auch in seinem Inneren zu herrschen. Jeder Versuch des Betrachters, die einzelnen umherschwebenden Augen zu fixieren, scheitert, da sich keine Paare herauslösen lassen. Dieser Vieldeutigkeit entspricht unsere eigene Empfindung von Orientierungslosigkeit. Schwer kann man dem Eindruck von Gefahr, Einsamkeit und Verlorenheit entrinnen, der von diesem Bild ausgeht. Remo hatte, während er an dem Bild arbeitete, Zugang zu den am meisten zerstörten Aspekten seines Innenlebens erhalten, ohne von ihnen überwältigt zu werden. Er konnte ein Bild seiner inneren Dunkelheit schaffen, das die Betrachter ergriff, weil sie dadurch einen verwandten psychischen Zustand erfahren konnten. Wodurch stellte sich diese Wirkung ein? Das »Wunder« lag daran, daß Remo durch sein hergestelltes Werk visuelle Symbole schaffen konnte, in denen eine Balance zwischen den konflikthaften psychischen Mächten erreicht wurde, die eine außerhalb der ästhetischen Sphäre

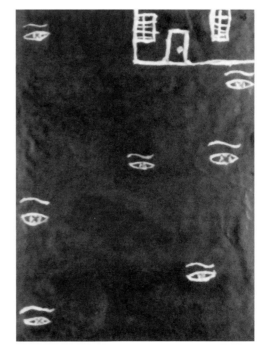

Remos Zeichnung des Geisterhauses, »Ghost House«, das in einer kunsttherapeutischen Sitzung mit Edith Kramer entstand. Der Betrachter kann das Gefühl der Orientierungslosigkeit, Einsamkeit und Verlorenheit des Jungen gut nachvollziehen.

unerreichte Integrationskraft signalisieren. Das Bild informiert uns nicht über den Inhalt seiner unbewußten Phantasien, sondern über sein Verhältnis zu diesen Phantasien und somit über seine psychische Verfassung, den state of mind, der durch verbale Kommunikation in der Weise nicht hätte vermittelt werden können. Dieses »wunderbare« Erreichen der Balance hatte, wie ein anderes Beispiel aus Remos Schaffen zeigt, keine bleibende Besserung zur Folge. Soweit muß man von diesbezüglichen Illusionen Abschied nehmen. Wenn auch die Erfahrung eines im Kunstwerk erreichten Grades an Integration und Sublimierung wohl kaum zu einem bleibenden Besitz dieser Kraft führt, so gibt sie dem Kind doch eine Ahnung davon, was es bedeutet, ein psychisches Gleichgewicht zu erlangen und das kann der Beweggrund für weitere Änderungen sein. (Kramer, 1991, S. 103)

III.

Kehren wir nun zu unserer Fragestellung zurück, welche Bedeutung die Psychoanalyse in Kramers Auffassung der Kunsttherapie besitzt, so können wir grob zwei Bereiche unterscheiden:

1. Das psychoanalytische Wissen ist erforderlich – oder sagen wir, nützlich –, um jene Voraussetzungen herzustellen, die den schöpferischen Prozeß, der als das hauptsächliche therapeutische Agens angesehen wird, in Gang zu bringen und zu fördern. Außerdem können durch die Untersuchung der psychischen Prozesse, die bei der Entstehung eines Kunstwerkes beteiligt sind, Blockaden und Störungen der kreativen Arbeit erkannt und beseitigt werden. Kurz formuliert läßt sich sagen: Die Analyse ist die Vorarbeit für eine Synthese, die durch künstlerische Symbole erreicht wird.

2. Die Psychoanalyse bietet die Gelegenheit, zu einem Verständnis der Symbole zu gelangen, die als Gleichnis für die organisierende Kraft des Ichs, an der es im täglichen Leben mangelt, dienen. Das heißt nicht, daß der unbewußte Gehalt der Symbole aufgedeckt werden soll, sondern daß sich mit Hilfe der Psychoanalyse aus den produzierten Symbolen der psychische Prozeß rekonstruieren läßt, der bei der Symbolbildung stattgefunden hat. Ist einmal die Identität von Form und Inhalt als Leistung des Ichs erkannt, wird es klar, daß »die ästhetischen Eigenschaften eines Werkes Aufschluß über psychische Vorgänge geben können«. (Kramer, 1991a, S. 19)

Zu 1.) Wenden wir uns dem ersten Bereich zu, in dem die psychoanalytische Einsicht eine Atmosphäre schaffen soll, in der sich, mit den Worten Kramers, »die Gesamtheit jener Prozesse entfalten kann, aus denen sich Sublimierung ergibt«. (Kramer, 1991b, S. 58f.) Fragen drängen sich auf, die um das Paradox kreisen, wie Handlungen, die auf der Hemmung der Triebbefriedigung aufbauen, als lustvoll und befriedigend erfahren werden können, und die ihre Rätselhaftigkeit erst dann verlieren, wenn man den Beziehungen zwischen den klinischen Zielen der kunsttherapeutischen Arbeit Kramers und ihrem theoretischen Verständnis der Sublimierung nachgeht. Rufen wir uns ihre Worte, die wir zu Beginn zitiert haben, in Erinnerung. Als die wichtigste Funktion der Kunsttherapie wurde die organisierende Kraft der Kunst angesehen, die die Identität des Ichs stärkt, damit es nicht gezwungen ist, sich durch allzu rigide Abwehrmechanismen gegen Triebforderungen zu schützen. Damit dieses Ziel erreichbar ist und die Bedingungen hergestellt werden können, unter denen der kreative Prozeß stattfinden kann, muß der Kunsttherapeut in jenen Bereichen, in denen die schwersten psychopathologischen Störungen auftreten, als Hilfs-Ich, als Modell der Ich-Funktionen, in Erscheinung treten. Er muß überall dort eingreifen, wo die Ansätze der Sublimierungsvorgänge ins Stocken geraten sind. Um dies tun zu können und die Bildkommunikation therapeutisch fruchtbar zu machen, sind bestimmte Fähigkeiten auszubilden. Der Kunsttherapeut muß, wie Kramer in Anspielung an Theodor Reiks Metapher vom »dritten Ohr« des Psychoanalytikers sagt, ein »drittes Auge« entwickeln, um die vieldeutigen Botschaften, die in den im Verlauf einer Therapie hergestellten Werken verkörpert sind und sich der Übersetzung in Worte widersetzen, wahrnehmen zu können. Doch ein drittes Auge allein ist nicht genug. Der Kunsttherapeut sollte auch über eine »dritte Hand« verfügen, die den schöpferischen Prozeß stützt, ohne daß Bildideen und Bedeutungen, die dem Patienten fremd sind, von außen aufgedrängt werden. Die dritte Hand muß in der Lage sein, einen Bild-Dialog zu führen, der den verbalen Austausch ergänzt oder ersetzt. (Kramer, 1986, S. 71) Mit Nachdruck weist Edith Kramer darauf hin, daß durch die Hilfsfunktion des Therapeuten-Ichs die Herabsetzung der Abwehrmechanismen möglich wird. In Remos Bild zum Beispiel wäre die Transformation von Phantasie in Vorstellungskraft als Merkmal der assimilierenden Kraft des Ichs nicht gelungen, hätten während des Entstehens die Abwehrvorgänge, die die Balance verhinderten, die Oberhand gewonnen. So konnte auf Verleugnung und Unterdrückung Verzicht geleistet werden, ohne – und darin liegt das »Wunder« – Angst zu verursachen. Statt von Triebforderungen überwältigt zu werden, hat sich das Ich gefestigt und seinen Bereich erweitert. Die Triebenergie, die durch die Verminderung der Triebunterdrückung und den Verzicht auf Verleugnung freigeworden ist, steht dem Ich für den produktiven Prozeß zur Verfügung oder, psychoanalytisch ausgedrückt: Durch Regression im Dienste des Ichs hat eine Sublimierungsleistung stattgefunden. (Kramer, 1979, S. 41) Nach dem Modell des Witzes werden, wie schon erwähnt, die dem Bereich des Ichs zugehörigen Vorstellungen und Erinnerungen für kurze Zeit und ohne destruktive Folgen der unbewußten Bearbeitung überlassen. Die grundlegende Annahme, die zum erstenmal 1952 von Ernst Kris in »Psychoanalytic Exploration in Art« formuliert wurde, ist, »daß unter bestimmten Bedingungen das Ich die Regression handhabt, und daß die integrativen Funktionen des Ichs eine willentliche und zeitweilige Abziehung der Besetzung aus dem einen oder anderen Gebiet einschließt, um hernach seine Herrschaft gefestigt wiederzugewinnen«. (Kris, 1977, S. 187) Wie viel Edith Kramers Auffassung von Ich-Entwicklung und Sublimierung auch diesen Ansichten der Ich-Psychologie verdankt (Kramer, 1979, S. 102 f.), die wesentlichen Differenzen sollen darüber nicht verschwiegen werden. Die Vorstellung, daß Regression die Funktion besitzt, die durch die Rückkehr der verdrängten Triebregungen bedrohte Herrschaft des Ichs zu sichern, liegt in einer Hierarchisierung der psychischen Instanzen begründet, die wir bei Kramer nicht finden. Nicht um ein bedrohtes, jedoch fertiges Ich geht es, sondern um die Identitätsbildung, nicht um Hierarchie der psychischen Instanzen, sondern um Bündnisfähigkeit, nicht um Herrschaft, sondern um Balance – und diese ist nur möglich, wenn die ursprünglichen Konflikte durch ein mit künstlerischen Mitteln hergestelltes Gleichnis verwandelt werden. Sublimierung bedeutet einen komplizierten Ausgleich innerer Kräfte (Kramer, 1991a, S. 71) und schließt die »Herstellung eines symbolischen Zusammenhanges zwischen dem primitiven Bedürfnis und einem komplexen Bündel von Vorstellungen und Handlungen« ein. (Kramer, 1991b, S. 48) Das Ich, das mit der Assistenz des Kunsttherapeuten den Akt der Integration und Synthese vollbringt, ist zugleich Ursache und Folge des Sublimierungsvorganges. Hier ist der Abstand zum Militärjargon der Ich-Psychologie ermeßbar.

Es gibt noch eine andere Annahme der Ich-Psychologie, die Kramer für ihre Vorstellung des künstlerischen Prozesses fruchtbar macht, ohne sich von ihr gefangen nehmen zu lassen. Danach kommt es bei dem komplexen Vorgang der Sublimierung nicht allein zu einer Veränderung des Triebzieles und des Triebobjekts, sondern auch zu einer Rückkehr der Libido zur narzißtischen Dimension des Ichs, wodurch die Umwandlung der Triebenergie in konstruktive Energie – »Neutralisierung« genannt – stattfindet. Der Nachteil dieses Begriffs ist, daß es durch ihn nicht gelingt, die Unterschiede zwischen künstlerischen und anderen Arten der Sublimierung zu fassen. (Kramer, 1991b, S. 60) In Kunstwerken werden die Triebe geformt, aber nicht neutralisierend gebändigt. Diese Unterscheidung ist wesentlich, um Kunst als Therapie begreifen zu können. Dadurch, daß der – in Form gebrachte, aber nicht neutralisierte – Trieb unauflösbar zur Kunst gehört, »während andere Formen der Sublimierung von vergleichbaren Quantitäten ungezügelter libidinöser oder aggressiver Triebenergien zunichte gemacht würden«, vermag Kunst mehr Triebansprüche aufzunehmen, als alle anderen zivilisatorischen Bemühungen. Selbst dann, wenn die Kinder nicht imstande sind, »jene Arten von Sublimierung zu erreichen, bei denen ein höchstes Maß von Neutralisierung der triebhaften Kräfte notwendig ist« (Kramer, 1991a, S. 194), kann es ihnen durch die Darstellung von heftigen Affekten wie Zorn, Angst oder Schmerz gelingen, künstlerische Sublimierung zu erzielen. Kramer charakterisiert die artistische Sublimierung mit prägnanten Worten: »Conflict is formed and contained, but only partly neutralized. Art differs here from most other forms of sublimation.« (Kramer, 1958, S. 16)

Um Sublimierungsvorgänge im Sinn eines therapeutischen Erfolgs fördern zu können, ist es wichtig, ihre Vorläufer und ihre Grenzen zu erkennen. Die für die Sublimierung unerläßliche Regression stellt durch die Verringerung der Abwehr auch eine Gefahr dar. Der Kunsttherapeut kann den Abbau der Abwehr nur wagen, »wenn er dem Kind die innere Kraft zutraut, die befreiten Phantasien und Affekte konstruktiv zu verarbeiten«. (Kramer, 1991a, S. 26 f.) Dazu müssen die Ansätze der Sublimierung erkannt werden, und zu diesem Zweck legt Kramer auf die Übergänge vom Spiel als Vorläufer der Sublimierung zur Kunst höchste Aufmerksamkeit. Das Spiel, dem die Funktion, auf einem sicheren Weg ein inneres Gleichgewicht zu erhalten, zukommt, findet sich auch bei Tieren. Der Übergang vom Spiel zur Kunst, in der die Arbeit an einem bestimmten Material mit dem Entstehen neuer Bedeutungen verknüpft ist, scheint ein Vorrecht des Menschen zu sein. Anders als das Spiel, das einen Konflikt in seine gegensätzlichen Komponenten aufteilt, besitzt die Kunst die Mittel, die Koexistenz widerstreitender Kräfte darzustellen. (Kramer, 1979, S. 62) »Unlike play, art has the means to present truthful images of the conflicting realities of man's experiences. At its highest level art establishes within the confines of its symbolic world states of harmony between antagonistic forces.« (Kramer, 1979, S. 64)

Ebensowenig wie die Gefahren, die der Sublimierung drohen, dürfen ihre Grenzen vergessen werden. Wer die Zeichen geglückter Sublimierung erkennt, wird auch ihren Einfluß nicht überschätzen. Als Sidney, ein Bub, den Kramer an der Wiltwyck School betreute, durch die Herstellung der Skulptur eines Kängurus mit einem Baby Sublimierung erreichte und damit seine Beziehung zur Mutter auf symbolischer Ebene wiederherstellte, gelang ihm der Ausgleich zwischen unmittelbarer Befriedigung und Verzicht. Trotz dieses Erfolges können wir keine weitreichenderen Schlüsse ziehen, als daß Sidney im Alter von zehn Jahren einen beobachtbaren Gewinn aus seiner Erfahrung mit Kunst, an der Sublimierung beteiligt war, zog, und daß er die gehobene Stimmung des Künstlers erfahren hat, der vollkommen von seinem Werk absorbiert wird, das eine tiefe persönliche Bedeutung besitzt und zugleich ein Geschenk an eine andere Person und – in einem weiteren Sinn – an die ganze Welt darstellt (Kramer, 1979, S. 129). Wenn die Wirkung der Sublimierungsleistung auch nicht anhält, wie es bei Sidney der Fall war, so ist es doch unentbehrlich, ihren Einfluß in Theorie und Praxis zu verstehen. Wird die weitreichende Reorganisation mittels Sublimierung durch unzureichendes Wissen der psychodynamischen Prozesse verkannt, so kann das spielerische Element der Kunst als ein Vorläufer der Sublimierung leicht den leidenschaftlichen Kampf künstlerischer

Verwirklichung überlagern. (Kramer, 1979, S. 132) Aus dem »Fall Sidney« läßt sich, wie aus vielen anderen Falldarstellungen, die Kramer vorlegt, etwas für die Kunsttherapie Spezifisches ablesen: »Es scheint, daß zu einer Zeit, in der normales Verhalten im Alltagsleben noch außer Reichweite lag, der große Teil der gesamten Entwicklungsfähigkeit sich der Kunstproduktion zuwandte.« (Kramer, 1991a, S. 150) In diesen Worten werden die Vorteile und Beschränkungen, die in der antizipatorischen Funktion der Kunst liegen, sichtbar und zudem fällt Licht auf den letzten Satz der anfänglich zitierten programmatischen Passage Kramers, daß nämlich die Kunsttherapie die Psychotherapie ergänze, nicht aber ersetze. »Die Kunst kann«, schreibt Kramer an anderer Stelle, »der Änderung den Weg bereiten, sie aber nur selten allein bewerkstelligen«. (Kramer, 1991a, S. 156)

Ich möchte die Betrachtung über die Bedeutung der Psychoanalyse als Vorbereitung der kunsttherapeutischen Wirksamkeit nicht abschließen, ohne einen weiteren psychoanalytischen Begriff zu erwähnen, dem in Kramers Konzeption Bedeutung zukommt, den Begriff der Übertragung. Diese bedeutet dem psychoanalytischen Verständnis nach jenen Vorgang, durch den die unbewußten, meist zwiespältigen Wünsche in der Beziehung zum Analytiker wiederbelebt werden, wobei es sich um die Wiederholung infantiler Vorbilder mit dem Gefühl der Gegenwärtigkeit handelt. Es ist notwendig, die Übertragungsphänomene zu erkennen, um bloße szenische Reproduktion in Erinnerung umwandeln zu können. Einerseits ist die Übertragung eine unentbehrliche Triebkraft in Richtung konstruktiver, symbolischer Erfahrungen, wenn es gelingt, die durch Übertragung freigewordene Energie zu sublimieren; andererseits darf nicht versäumt werden, Übertragungs- und Gegenübertragungsphänomene rechtzeitig zu begreifen, weil sonst der Rahmen des therapeutischen Bündnisses, innerhalb dessen die Übertragungen zum Vorteil der kreativen Tätigkeit eingesetzt werden können, zerbricht. Im Unterschied zur psychoanalytischen Situation, in der die Übertragungsphänomene die hauptsächlichen therapeutischen Instrumente sind, spielt die Deutung der Übertragung in der Kunsttherapie kaum eine Rolle, da sie den produktiven Prozeß gefährden könnte. Unterschätzt der Kunsttherapeut allerdings die Rolle der Übertragung und seiner eigenen unbewußten Reaktionen in der Gegenübertragung, dann steht er den unbewußten Aspekten der Kunst und des Verhaltens von Kindern wie auch den Widerständen gegen die künstlerischen Versuche von Konfliktlösung verständnislos gegenüber. (Kramer, 1979, S. 201 f.)

Zu 2.) Wir haben die Psychoanalyse als Hilfsmittel für den eigentlichen kunsttherapeutischen Prozeß kennengelernt. Anders als in der psychoanalytischen Praxis gleicht der kunsttherapeutische Prozeß eher einer Synthese als einer Analyse. Nicht die Verbalisierung bislang unverstandener Inhalte steht im Mittelpunkt, sondern die Konfigurationen bildlicher Formen. Die Tiefe und Wahrhaftigkeit der mittels Kunsttherapie gemachten Erfahrungen sind auf mannigfache Weise an Formqualitäten gebunden. Der Dialog zwischen Schöpfer und Geschaffenem und die Stärkung der Formensprache, der artistic eloquence, findet keine Entsprechung im psychoanalytischen Setting. Da durch die Kunst »innere Erfahrungen«, die durch diskursive Gedanken nicht zu fassen sind, weil sie in den Formen der (verbalen) Sprache unverständlich bleiben, objektiviert werden können (Kramer, 1979, S. 139 f.), vermögen die Bild-Formen als visuelle Äquivalente dieser Erfahrungen den Rang von Symbolen einzunehmen. Mit der Frage, was die Psychoanalyse zum Verständnis dieser Symbolauffassung beiträgt, sind wir bei dem zweiten Punkt, der Bedeutung der psychoanalytischen Symboltheorie in Kramers Konzeption, angelangt. Wie im Fall der Sublimierung bin ich überzeugt, daß Kramers Ideen zwar auf Ansichten der Ich-Psychologie basieren, aber über diese hinausgehen. Ein flüchtiger historischer Überblick kann dies veranschaulichen. In den Jahren nach dem Ersten Weltkrieg kam es im Zug einer Ontologisierung des Unbewußten zu der Auffassung, daß die Symbole als reine Produkte des Primärprozesses wie in einem Archiv aufbewahrt werden und jedes einzelne eine feststehende, im Unbewußten verankerte Bedeutung besitzt. Diese metaphysische Vorstellung von den Symbolen, die diese vollständig von den Subjekten ablöst, wurde von Ernest Jones kritisiert. Seine Theorie, nach der »nur was verdrängt ist, symbolisch dargestellt (wird), nur was verdrängt ist, der symbolischen Darstellung (bedarf)« (Jones, 1919), sieht zwar die Symbole als Leistungen des Subjekts, ohne die Bindung zur Triebsphäre zu lösen, läßt jedoch die Grenzen zum Symptom unkenntlich werden. Der Romantisierung des Symbolbegriffs konnte erst mit dem Erscheinen der Ich-Psychologie entschieden entgegengetreten werden, die jedoch die Gefahr einer »Intellektualisierung der Symbolfrage« mit sich brachte, die das Symbol aus dem Zusammenhang mit dem Unbewußten zu lösen versuchte. (Lorenzer, 1970, S. 35) Mit Anna Freuds Buch »Das Ich und die Abwehrmechanismen« (1936) und Heinz Hartmanns Arbeit über »Ich-Psychologie und Anpassungsproblem« (1939) werden die Unterschiede zwischen dem Ich und dem Triebgeschehen, dem Es, neu bestimmt: »Das Es wird als energetisches Reservoir gesehen, während dem Ich mit seiner grundlegenden Andersartigkeit der Rang eines Organisationszentrums zugemessen wird.« (Lorenzer, 1970, S. 54) Indem die Strukturbildung in den Vordergrund tritt, wird in der Ich-psychologischen Auffassung die Symbolbildung als Ich-Funktion ausgewiesen, zugleich aber das Unbewußte auf die Rolle eines Rohstoffs reduziert, der dem Regelwerk des erkennenden Subjekts zur Verarbeitung zugeführt wird. Wie in der »Transzendentalen Ästhetik« von Kants »Kritik der reinen Vernunft« funktionieren die Mechanismen des Ichs – hier steckt zweifellos eine Vision, eine realistische Beschreibung der industriellen Gesellschaft darin – ohne Ansehung des in ihm verarbeiteten Stoffes. Alles, was an Qualität in den Trieben steckt, wird durch die Funktionsmaschinerie des Ichs, die das Rohe ständig in gleicher Weise »zu Erkenntnis verarbeitet«, ausgeschieden. (Heinrich, 1986, S. 269) Das Ich tritt als Unternehmer auf, der die Mechanismen für sich arbeiten läßt. Von der Ich-Psychologie konnte Edith Kramer die Vorstellung des Ichs als formgebende, symbolbildende Instanz übernehmen, nicht aber die Auffassung des Unbewußten als bloßes Reizzentrum; zu sehr ist ihr das Bild von der »Plastizität der Triebe«, das Siegfried Bernfeld prägte und das auf Qualitätsmerkmale des Unbewußten schließen läßt, geläufig. Näher liegt ihr Susanne Langers Unterscheidung zwischen diskursiver und präsentativer Symbolik, um die beiden Pole der Erkenntnisbildung im Symbol, ihre kognitive und triebökonomische Funktion verstehen zu können – und damit auch den Prozeß des Ausbalancierens antagonistischer Kräfte, der im Symbol erreicht wird. Diskursive Symbolik meint den artikulierten Symbolismus der Sprache, während präsentative Symbolik alles umfaßt, was dem »logischen Jenseits«, dem Bereich des »Unsagbaren« angehört, zu dem auch die bildenden Künste zu rechnen sind. Charakteristisch für präsentative Symbolik sind die Mechanismen des Unbewußten, wie Verdichtung, Verschiebung, Rücksicht auf Darstellbarkeit etc. In ihr schließt sich der Kreis von Triebgeschehen und Form. Sie stellt sowohl die Materialisation als auch die logische Struktur des durch sie vermittelten Unbewußten dar. Präsentative Symbole, die nicht Ausdruck, nicht Darstellung von Gemütsbewegungen sind, sondern das »logische Bild« der Emotionen, sind für Langer also nicht weniger eine Leistung des menschlichen Geistes als die Begriffsarbeit. (Lorenzer, 1970, S. 52) Ohne Zweifel läßt sich dieses Modell, das es erlaubt, Trieb und Reflexion in einer Theorie des Symbols zusammenzudenken, heranziehen, um die Gleichgewichtsbestrebungen von bewußten und unbewußten Vorgängen, die in den Bild-Symbolen erreicht werden, zu verdeutlichen.

Fügen wir hinzu, daß diese Symbole, die es ermöglichen, Konflikte geformt auszudrücken, indem sie einen Raum für Probehandlungen und das Experimentieren mit Vorstellungen und Empfindungen eröffnen, nicht eine Errungenschaft sind, die ein für allemal vor jeder Veränderung gefeit sind. Symbole lassen sich durch Verdrängung in Klischees verwandeln. Klischees beschreibt Alfred Lorenzer als nicht-symbolische Strukturen, unbewußte Repräsentanzen, die jedoch dynamisch dieselbe Funktion wie Symbole erfüllen. (Lorenzer, 1970, S. 93) Anders als die Symbole bedürfen die Klischees eines szenischen Arrangements zur Auslösung, die Szene läuft – hier gibt es Brücken zur Ethologie – mit unreflektierter Zwangsläufigkeit ab. Es ist die schwierige Aufgabe der Kunsttherapie, die Klischees, die der Abwehr von Konflikten um den Preis des Ausschlusses aus der Sprachkommunikation dienen, wieder in Symbole zu verwandeln.

Resümieren wir: Das künstlerische Schaffen hat eine Funktion, deren Reichweite die traditionelle Auffassung von Sublimierung übersteigt. Mittels des schöpferischen Aktes wird eine im Alltäglichen nicht (oder noch nicht) erreichte Integration bislang unverträglicher Subjekt-Anteile vollzogen. In mancher Hinsicht ähnelt die Sublimierung dem psychischen Mechanismus der projektiven Identifizierung. Doch handelt es sich beim Schaffensprozeß nicht einfach um eine Projektion unerträglicher Ich-Anteile und bei der Formgebung nicht um einen unveränderlichen Rahmen. Aber auch im künstlerischen Akt können mittels Symbolbildung Teile des Ichs und der Objekte, die das Ich nicht assimilieren kann, nach außen verlegt und durch diesen Vorgang der Transformation integriert werden. Der Künstler sieht sich so imstande, sich dem Abbild der zerstörerischen und zerstörten Anteile seines Ichs zu stellen. Durch Identifizierung ist es ihm möglich, ein Bild seiner selbst, das ihm bisher verborgen blieb, zu erkennen, das auch dem Betrachter zugänglich ist.

Im Unterschied zur Ich-Psychologie steht die Kontrolle der Triebe durch das Ich nicht im Vordergrund. Ein gewisser Grad an Ichstärke ist zwar eine Voraussetzung für den kreativen Prozeß, das hauptsächliche Ziel besteht aber nicht darin, den Machtbereich des Ichs auszudehnen und zu diesem Zweck neutralisierte Triebenergie einzusetzen. Sublimierung bedeutet den Ausgleich von Kräften, der nicht nur im Zeichen einer Stärkung des Ichs, sondern auch im Sinn einer Neuordnung der unterschiedlichen psychischen Kräfte zu einer Ichveränderung führt. Die Sublimierung ist vor allem Triebarbeit, durch die ein Produkt hergestellt wird, das nicht unmittelbarer Ausdruck des Herstellers ist, sondern ein Äquivalent von Erfahrungen, die ihm bisher verwehrt waren und die er mit seinem Werk antizipiert hatte. Dieses trägt die utopischen Merkmale eines neuen Subjekt-Entwurfes; es spiegelt eine Balance psychischer Kräfte, die als Genuß erfahrbar ist – selbst dann, wenn die Inhalte nicht harmonisierend, sondern destruktiv sind –, und die durch die Analyse der Symbole auch in Begriffe übersetzt werden kann.

Kunst und Psychoanalyse besitzen beide allgemeine Verbindlichkeit. In der Analyse stößt man auf Einzigartiges, Persönliches, das allgemeine Bedeutung besitzt. Doch anders als in der analytischen Situation wird in der Kunst das sonst Verborgene, Verdrängte öffentlich besprechbar gemacht. Sie übersteigt den Erwartungshorizont, indem sie Erfahrungen präformiert, die bisher unbekannt waren. Obwohl Kunst – entgegen dem Glauben der historischen Avantgardebewegungen – genausowenig unmittelbar in Lebenspraxis übergeht, wie die einmalige Sublimierungsleistung Remos eine stabile Veränderung in der Realität brachte, ist sie insofern revolutionär, als sie ein Äquilibrium psychischer Kräfte als ästhetische Erfahrung präsentiert, das einen unwiderstehlichen Drang in Richtung praktische Umsetzung auslöst. Können nach dem bisher Gesagten Zweifel aufkommen, daß der Entwurf der Kunsttherapie nach Kramer und ihre therapeutische Praxis Konsequenzen für eine

Theorie der Gesellschaft haben? Ich möchte meinen Beitrag mit ihren Worten beschließen, die darauf bestehen, daß Erinnerungsarbeit ohne Einbeziehen der Symptome erfolglos bleiben muß – und das gilt auch für die Analyse zivilisatorischer Entwicklungen:

»Ich habe mich darauf beschränkt zu zeigen, daß die Kunst von Kindern, die unter schwerem emotionellen Druck stehen, konventionell oder leer sein muß, wenn sie nicht die Krankheitssymptome miteinbezieht. Kunsttherapie war dann am erfolgreichsten, wenn sie den Kindern half, gerade aus dem, was ihr Leben zu zerstören schien, Kunstwerke zu schaffen.« (Kramer, 1991a, S. 196)

Literatur

Freud, Sigmund: Der Witz und seine Beziehung zum Unbewußten (1905), Studienausgabe, Bd. IV. Frankfurt/M. 1970.

Freud, Sigmund: Der Wahn und die Träume in W. Jensens Gradiva (1907). Studienausgabe, Bd. X. Frankfurt/M. 1969.

Freud, Sigmund: Eine Kindheitserinnerung des Leonardo da Vinci (1910). Studienausgabe, Bd. X. Frankfurt/M. 1969.

Freud, Sigmund: Psychopathische Personen auf der Bühne (1942). Studienausgabe, Bd. X. Frankfurt/M. 1969.

Freud, Sigmund/Pfister, Oskar: Briefe 1909–1939. Frankfurt/M. 1963.

Gombrich, Ernst: Freuds Ästhetik. In: E. Gombrich, Kunst und Kritik. Stuttgart, 1993.

Heinrich, Klaus: Anthropomorphe. Zum Problem des Anthropomorphismus in der Religionsphilosophie. Dahlemer Vorlesungen 2. Basel; Frankfurt/M. 1986.

Jones, Ernest: Theorie der Symbole. In: Internationale Zeitschrift für ärztliche Psychoanalyse V, Jahrgang 1919, S. 244–273.

Kramer, Edith: Art Therapy in a Children's Community. New York 1958.

Kramer, Edith: Childhood and Art Therapy. Notes on Theory and Application. New York 1979.

Kramer, Edith: Kunst als Therapie mit Kindern. München, Basel 1991a. (Originalausgabe: Art as Therapy with Children. New York 1971).

Kramer, Edith: Sublimierung und Kunsttherapie. In: Judith Aron Rubin (Hrsg.): Richtungen und Ansätze der Kunsttherapie. Karlsruhe 1991b.

Kramer, Edith: The Art Therapist's Third Hand: Reflections on Art, Art Therapy, and Society at Large. In: American Journal of Art Therapy, Vol. 24, Feb. 1986.

Kris, Ernst: Die ästhetische Illusion. Phänomene der Kunst in der Sicht der Psychoanalyse. Frankfurt/M. 1977.

Kris, Ernst: Psychoanalytic Explorations in Art. New York 1952.

Lorenzer, Alfred: Kritik des psychoanalytischen Symbolbegriffs. Frankfurt/M. 1970.

Karin Dannecker
Die Worte in der Kunsttherapie

Ein Vortrag besteht in der Regel aus Worten. Spreche ich über Kunst, gerate ich alsbald in gewisse Schwierigkeiten, wenn ich bei den Zuhörern eine Vorstellung über ein bestimmtes Bild zu evozieren versuche, ohne ein kunsthistorisch populäres Werk zu meinen: Denken Sie an das Gemälde einer lächelnden Frau, Ende Zwanzig, in einer Frühlingslandschaft mit blühenden Gärten. Ich gebe eine Beschreibung bis ins kleinste Detail. Dennoch wird jeder Zuhörer ein anderes Bild in seiner Phantasie zusammensetzen – keiner wird das sehen, was sich vor meinem geistigen Auge abbildet, wenn ich es auch noch so ausführlich und genau zu beschreiben versuche.

Bevor wir es so richtig wahrhaben wollen, sind wir in ein altes Thema hineingeschlittert, das schon viele Kunstpsychologen, -wissenschafter, und -philosophen beschäftigt hat: den Diskurs über die Analogie von Sprache und Kunst. Dessen Komplexität wird von niemandem bestritten; über Bilder zu sprechen scheint – zumindest innerhalb dieser Disziplinen – mit keinerlei Selbstverständlichkeit verbunden zu sein.

Es wird immer wieder von der Sprache der Kunst oder der Kunst als Sprache gesprochen und geschrieben, ohne eigentlich nach deren jeweiligen analogen Möglichkeiten zu fragen. (Wedewer, 1985, S. 7) Man spricht über die »Lesbarkeit« der Bilder und bemerkt vielleicht das Gefährliche daran: Sprache und Bild wären dann direkt zu vergleichen. Daß solche Beschreibungen von »Kunst als Sprache« auf eine Pseudo-Identität hinweisen, muß unvermeidbar zu terminologischen Auseinandersetzungen führen: Der Kunsthistoriker Hans Belting warnt davor, in der Textkultur leichtfertig mit den Bildern umzugehen, denn diese könnten sich rächen: In unserer Informationskultur schrumpfe jedes Bild zur Information und es sei, noch schlimmer, die Differenz zwischen Bild und Welt aufgehoben. So richtet er sich gegen manche Philosophen (wie Walter Benjamin), die meist nur über »das Bild« als solches nachgedacht hätten, als fühlten sie sich dazu verpflichtet, es im Namen aller Bilder auf den letzten Stand zu bringen. »Da bleibt von der Vielfalt und der Ambiguität in den Bildern, wie in allem Sichtbaren, das immer etwas Tautologisches hat, nicht mehr viel übrig. Man spürt die Absicht, die Bilder in eine Denkschule zu schicken und ihnen Benehmen und Gehorsam beizubringen. Offenbar fürchtet man ihren unzähmbaren Eigensinn, den wir so ungern zulassen, weil wir uns in den Worten und Begriffen sicherer fühlen (...).« (Belting, 1995)

Im Gegensatz zu solch ernsten Bedenken, Bilder nicht zu Begriffen zu verstümmeln oder ein Bild mit einer Erklärung zu verwechseln, bedient sich die Kunsttherapie nach meinen Beobachtungen fast bedenkenlos des Wortes.

Wir befinden uns aber auch in einer äußerst komplizierten Lage, leben wir doch mit der gängigen Beschreibung, eine averbale oder nonverbale Therapieform zu sein. Die Kunst soll beziehungsweise kann nicht Sprache sein, Sprache ist Sprache und Kunst ist Kunst. Im Prinzip beanspruchen wir, das visuelle Image zum Mittelpunkt unserer Arbeit zu machen. Wir machen es zum Bedeutungsträger und Kommunikationsanlaß. Wir gehen davon aus, daß der sichtbare Ausdruck uns von anderen Therapieformen unterscheidet: das Unaussprechliche im Sinn Goethes in Bilder und Skulpturen zu transferieren als Mittel und Weg der Heilung.

Und dennoch geschieht dies nicht stumm und still: Wir sprechen mit den Patienten über sie selbst und über ihre künstlerischen Werke. Wir versuchen Bedeutungen zu finden und sie zu verstehen, mit den Patienten zu kommunizieren, Veränderungen zu ermöglichen. Schließlich haben wir ja einen therapeutischen Auftrag. Also ganz eindeutig: Wir gebrauchen Worte in der Kunsttherapie und benutzen sie zu allem, was man mit ihnen machen kann: Wir bilden Sätze, stellen Fragen, machen Aussagen und Bemerkungen. Doch meine Frage hier ist: wie tun wir das? Mit welchem Hintergrund, mit welcher Art von Bewußtsein? Orientieren wir uns eher an der Sprache der Psychotherapie oder daran, wie Künstler und Kunstkritiker sprechen? Oder ist es mehr nach der Art, die so gern als intuitiv bezeichnet wird? Wobei häufig übersehen wird, daß sich ›Intuition‹ zusammensetzt aus Wissen und Erfahrung.

Die Literatur über Theorie und Praxis des Sprachgebrauchs in der Kunsttherapie hat mir bisher keine brauchbare Antwort geben können. Daß es keine eindeutige und keine rezeptartige Lösung geben kann, zeichnet sich schon ab. Auch ich werde letztlich keine Gebrauchsanweisungen anbieten, höchstens vielleicht so etwas wie erhöhte Sensibilität für das Wort in der kunsttherapeutischen Praxis und Theorie.

Während die entstehende Psychoanalyse von der geistreichen Anna O. passend als »talking cure« bezeichnet wurde (Jappe, 1971, S. 1) und die Eindeutigkeit der Behandlungsform von Freud als nichts anderes als ein »Austausch von Worten zwischen dem Analysierten und dem Arzt« (Freud, 1916/17, S. 9 f.) beschrieben wird, scheinen wir in der Kunsttherapie dem noch nichts Rechtes entgegensetzen zu können. Bei uns entsteht so etwas wie ein »künstlerischer Ausdruck«, wir reden darüber und davon, wir machen Therapie und nennen es Kunst- oder Gestaltungstherapie. Wäre dies ein Vortrag über Psychoanalyse, hätte der oft zitierte Satz aus dem Evangelium des Johannes »Am Anfang war das Wort!« als Titel genommen werden können. Doch ich setze an das Ende dieses Satzes ein Frage- anstatt eines Ausrufezeichens und will Anlaß zu einer Diskussion geben, der wir uns nicht weiter entziehen sollten. Ich stelle zur Disposition: Wie halten wir es mit dem Wort, wir Kunsttherapeuten? Wenn wir weiter in einer gewissen beobachteten Beliebigkeit verharren und uns nicht auf die Suche nach sinnvollen Lösungen begeben, werden wir uns in unserem mühseligen Prozeß der professionellen Etablierung inmitten unserer beruflichen Anverwandten – der Kunst und der Psychotherapie – in Zukunft mehr behindern als entwickeln. Denn weder die Kunst noch die Psychoanalyse oder andere Therapieformen werden uns ernst nehmen, wenn wir dort blinde Flecken lassen, wo nachdenkliches Sehen und Sprechen vonnöten ist.

Ich möchte hier nun einen Versuch wagen, die Paradiessprache der Kunst, wie sie manchmal enthusiastisch genannt wird (zum Beispiel bei Hugo Ball, zit. in Stooss, 1993, S. 29), mit der therapeutisch notwendigen Kommunikation mit dem Anderen, in gerechte Zusammenhänge zu bringen. Ob es deswegen zu einem Sündenfall kommt, wird sich zeigen.

Zunächst also zurück zu dem Dilemma, dem sich Künstler schon immer gestellt haben und dem sie meist sehr ambivalent begegnen, wenn gesprochene oder geschriebene Worte im Kontext von Kunst auftreten. »Bilde Künstler, rede nicht!« befiehlt Goethe; der Maler Francis Bacon – aufgefordert, über seine Kunst zu sprechen – antwortete: »If you can talk about it, why paint it?« Oder Delacroix schreibt in seinen »Tagebüchern« unter dem Titel »Über Schweigen und die schweigenden Künste«: »Ich bekenne meine Vorliebe für die schweigenden Künste, für solche stummen Dinge, über die Poussin sagte, sie seien sein Beruf. Sprache ist indiskret, sie ist hinter dir her, sie drängt nach deiner Aufmerksamkeit und schürt die Dis-

René Magritte:
»Ceci n'est pas une pipe«
(Das ist keine Pfeife),
1928/29.

kussion. Malerei und Skulptur scheinen würdiger zu sein – man muß hingehen und sie suchen (...)« (Arnheim, 1992, S. 48) Dies sollen nur einige exemplarische Äußerungen der Vorbehalte von Künstlern sein, wenn zumeist andere, ›Nicht-Künstler‹, ihrer Kunst Kommentier- und Erklärungsversuche verbaler Natur anlegten.

Während eines Höhepunktes der Thematisierung der Differenz zwischen Bild und Sprache in der surrealistischen Kunst der dreißiger Jahre entstand das berühmte Bild Magrittes »Ceci n'est pas une pipe« (Dies ist keine Pfeife) (Abbildung links). Ein bewußt gewecktes unauflösbares Paradox wird vom Maler erprobt: »So ähnlich das Bild der Pfeife auf den ersten Blick auch sein mag, es ist die stereotype Vorstellung, die für uns an ihre Stelle tritt, wenn wir davon sprechen. Man braucht nur eine wirkliche Pfeife daneben zu halten, und der Betrug der Bilder (›la trahison des images‹) wird erkannt.« (Butor, 1993, S. 62)

Hintergrund dieser künstlerischen Reflexion Magrittes waren auch die Erkenntnisse seines Zeitgenossen Sigmund Freud über die Beziehung zwischen Unbewußtem und Realität zum Traum und deren symbolische Transformationen. Wie Freud ein Kategorisierungssystem von Zuordnung symbolischer Bedeutungen für sichtbare Gegenstände geschaffen hat, haben wir alle kennengelernt: Der Gegenstand steht nicht für sich als solcher, sondern hinter ihm steht eine Bedeutung, die ihm das Unbewußte verliehen hat. Damals war das Ziel der Psychoanalyse, solcherlei Beziehungen ins Bewußtsein des Patienten zu rücken, denn das Paradigma lautete: Wo Es war, soll Ich werden. Nicht das Bild, die Phantasie an sich, sondern seine unbewußte Bedeutung sind von Interesse. Wir erinnern uns: Was im Phantasieleben als Springbrunnen, als längliche Gegenstände wie Schlagstöcke, Messer und dergleichen seine Form findet, verweist nach Freud auf das Männlichste am Mann: den Penis. Nicht das Ding an sich, sondern seine ins Unbewußte beförderten – weil gefährlichen – Reminiszenzen liefern die eigentliche Wahrheit. Doch manchmal darf der Gegenstand er selbst sein; so gebietet der Vater der Psychoanalyse gelegentlich Zurückhaltung: »Manchmal ist eine Zigarre nur eine Zigarre ...«.

Wir geraten in Konflikt: Wann kann die Pfeife oder Zigarre oder deren Abbildung den Anspruch erheben, Pfeife oder Zigarre zu sein? Von wem hängt die Bedeutung ab: von dem, der raucht, oder dem, der betrachtet, oder dem, der dem Ding den Namen gibt? Wir bemerken Differenzen von Objekt, Abbild und Benennung (Stooss, 1993, S. 33) sowohl in der Kunst als auch in der Psychoanalyse. Diese Frage sollte uns auch in der Kunsttherapie beschäftigen.

Wie hätte Freud reagiert, wenn er seine Patienten hätte malen lassen, wie sie es öfters angeregt haben: »Ich könnte den Traum besser malen als erzählen ...«? Statt dessen verließ er sich darauf, daß die Mitteilung in (unzensierten) Worten zuverlässige Beschreibungen der Vorstellungen der Patienten wiedergeben. Ich frage mich, einigermaßen ironisch, ob er dieselben Bilder gesehen hat wie seine Patienten. Ist es nicht beim Wiedergeben der inneren Bilder ein, wie Berger sagt, »offenkundig vergebliches Unterfangen in einer Hinsicht, da Erscheinungsbilder und Worte so verschiedene Sprachen sprechen: das Visuelle läßt sich niemals unversehrt ins Verbale übersetzen«. (Berger, 1993, S. 116)

Unversehrt! Macht das Wort die Kunst zum Krüppel, wie Berger andeutet? Dies sollte uns aufhorchen lassen in der Kunsttherapie. Ich denke, so meine These, wir sollten uns zuallererst vor Augen führen, was wir sehen können (»das Visuelle«), bevor wir den potentiell Wunden schaffenden Versuch der Übersetzung (»ins Verbale«) wagen. Denn das, was wir sehen, ist das, was den Kern unserer Arbeit ausmacht: die Form des visuellen Ausdrucks, die Bilder und Skulpturen unserer Patienten. Sehen ist eine Angelegenheit des Therapeuten, des Patienten, der Mitpatienten und der Kollegen.

»Sehen kommt vor sprechen. Kinder sehen und erkennen, bevor sie sprechen können.«

(Berger, 1988, S. 7) Mit diesem Satz beginnt der Kunsthistoriker Berger seinen Essayband mit dem Titel »Das Bild der Welt in der Bilderwelt«. Am Anfang steht also in der Geschichte des Individuums nicht das Wort, sondern das Sehen. Ein Kind fängt schon bald nach der Geburt an, seinen Platz in der Welt räumlich zu erfahren, das heißt auch, seine Beziehungen zu erkennen. Wir erinnern uns an den Psychoanalytiker Winnicott, der dem glanzvoll freudigen Augenkontakt der Mutter mit ihrem Neugeborenen für das Selbsterkennen des Säuglings eine bedeutende Rolle in der psychischen Entwicklung zuschreibt.

Das, was wir sehen, wird bestimmt durch unsere Wahrnehmung. Und die Art der Wahrnehmung wird beeinflußt durch unser Wissen beziehungsweise unseren Glauben. Sehen ist demnach mehr als eine mechanische Reaktion (Berger) auf optische Reize. Nicht das, was auf unsere Netzhaut trifft, nehmen wir wahr, sondern das, was wir zu sehen auswählen. »Diese Auswahl rückt das Gesehene in unseren Bereich«, schreibt Berger, und »wir sehen niemals nur eine Sache für sich, sondern nehmen vielmehr die Beziehung zwischen den Dingen wahr«. Das Visuelle ist demzufolge ein System eines Beziehungsgefüges. Dieses Gefüge wird nur deswegen verständlich, weil es räumlich und nicht linear angelegt ist, wir können es nur durch das Ansehen erfassen.

Aus der Entwicklungspädagogik und -psychologie wissen wir heute, daß Sehen auch gelernt werden muß. Es müssen also Voraussetzungen erfüllt sein, damit Wahrnehmung stimuliert werden kann. Für den Kunsthistoriker Schmidt zählt das Sehen neben dem Lesen im Umgang mit Bildern als eine der beiden kultur- und sozialisationsabhängigen Rezeptionstechniken. Er betont, daß neurophysiologisch das Sehen das Komplizierteste sei, was in unserer Kognition abläuft. »Sehen ist kein Abbilden von Realität, sondern eine Konstruktion visueller Modelle der (genauer: für) Wirklichkeit.« (Schmidt, 1993, S. 85) Wenn wir sehen, sind wir aktiv, wir selektieren, formen unsere subjektiv wahrgenommene Realität. Aus diesem Grund gibt es nicht die Wirklichkeit, sondern viele Wirklichkeiten. Auch das Sehen und Verstehen von Bildern ist ein Vorgang, der von unserem kulturellen, sozialisationsgeschichtlichen und natürlich von unserem psychologischen Hintergrund abhängig ist: Erwartungen, Wünsche, Hoffnungen, Alter, Absichten, Gefühle, Kulturzugehörigkeit und Erfahrungen im Umgang mit Bildern, also eine Menge an Wissen und Motiven werden bei der Wahrnehmung und Auswertung von Bildern aktiviert. Dies ist, wie schon gesagt, kein Reiz-Reaktionsmechanismus, sondern es werden wichtige Ich-Funktionen wie Erinnern, Organisieren von Gedanken, Verstehen etc. beansprucht beziehungsweise gefördert. Das bloße Sehen kann also Lernprozesse in Gang setzen.

Für Cézanne ist Optik ein logisches Sehen, also nicht irgendetwas Vernunftwidriges, wenn er sagt: »Die Kunst ist eine persönliche Wahrnehmung. Diese Wahrnehmung liegt für mich in der Empfindung, und vom Verstand verlange ich, sie zum Werk zu gestalten.« (Cézanne, zit. in: Merleau-Ponty, 1994, S. 44)

Lacan betont das Dialektische am Sehen: Es gibt die Oberfläche und das Jenseits der Oberfläche, und er zitiert das Evangelium: »›Sie haben Augen und sehen nicht.‹ Und sehen was nicht? – eben dies: daß die Dinge sie anblicken/angehen.« Der Blick des Kunstwerkes zurück zu seinem Schöpfer bewirke in der Malerei eine »Blickzähmung«, das heißt, daß der Betrachter sich vor der Malerei immer veranlaßt sieht, seinen Blick zu senken. (Lacan, 1994, S. 79) Sehen, so verstehe ich hier Lacan, setzt auch die Bereitschaft voraus, von dem, was man sieht, zu einem Blick nach Innen zu kommen, also Erkenntnis zu gewinnen.

Zur Wahrnehmung schreibt Berger: »Betrachten wir ein als Kunstwerk präsentiertes Bild, wird unser Sehen durch eine Reihe erlernter Vorstellungen über Kunst beeinflußt; Vorstellungen über Schönheit, Wahrheit, Genialität, Kultur, Form, Geschmack usw.« (Berger, 1988, S. 10) Gleich wäre dem hinzuzufügen: Wenn ein Kunsttherapeut ein Bild sieht, wären möglicherweise einige Zusatzerwartungen vorhanden, die seine Wahrnehmung steuern: wie zeigt sich die Pathologie, das Defizit des Maler-Patienten, wie paßt das Sichtbare in seine psychologische Heimat, in seine Interpretationsschemata? Sieht nicht ein Kunsttherapeut psychoanalytischer Provenienz schneller ein orales oder phallisches Thema oder einer mit jungianischer Orientierung eine archetypische Figur im Bild?

Sind wir sicher, daß wir dasselbe sehen wie unser Patient, wenn wir eine Zeichnung betrachten? Wir, die wir häufig kulturell und sozial grundverschieden leben und demnach auch sehen. Kriterien wie Schönheit oder Wahrheit haben sich an der Kunsthochschule anders geformt als in einem nicht-künstlerischen Umfeld. Ist nicht die Neigung zu wertenden Maßstäben gemessen an der eigenen Vorstellung manchmal sehr hinderlich, wenn wir dem Sehen der Patienten begegnen? Oder haben wir die Hoffnung, daß sich Sehen erweitern kann für eine reichere Wahrnehmung? Wenn wir ein Strichmännchen mit einer komplexen Darstellung eines Menschen vergleichen und beide als Inhalt »Mensch« ansehen, weist eine Wahrnehmung solcher Art darauf hin, daß mehr Wert auf den Inhalt als auf das Visuelle gelegt wird. Wieviel Raum geben wir der Form, wieviel dem Inhalt?

Wertungen können manchmal fast unbemerkt beim Sehen passieren: Beim Betrachten der Bilder aus der Kunsttherapie wird von gestörter Wahrnehmung, Fragmentierung, kitschig-defensiver Ästhetik, Stereotypen gesprochen. Sehen wir zuerst die Störung, die Pathologie im Bild, animiert durch Anamnese und aktenkundige Diagnostik? Oder können wir uns der eigentlichen Form nähern ohne reaktives Kategorisieren? Oder lassen wir uns andererseits als Künstler blenden von den scheinbar spontanen Gesten, wie sie der Kunstmarkt favorisiert? Blinde Flecken des Sehens können sehr hinderlich sein: Eine angehende Kollegin war einmal sehr begeistert über die Zeichnung ihres Patienten, denn sie fand sie denen von Cy Twombly sehr ähnlich, beschrieb sie als »ein sehr schönes Blatt«. In ihrer Begeisterung hatte sie jedoch die Desorientiertheit und mangelnde Konzentration in der Zeichnung nicht erkennen können.

Das Sehen kommt auch in der Kunsttherapie am Anfang. Bevor der Patient mit einem Bild beginnt oder ein Stück Ton in die Hand nimmt, hat er längst innere Bilder entwickelt: Vorstellungen, Visionen, was in der Kunsttherapie geschehen wird; diese Bilder sind Resultate seiner Lebensgeschichte. Dazu gehören natürlich auch alle seine Erfahrungen mit Kunst und ästhetischen Phänomenen – welcher Art auch immer. Alle bisherigen Sehweisen werden in der Kunsttherapie aktualisiert, auch die des Therapeuten. Therapeutisch gesprochen sind jetzt schon die Phänomene der Übertragung und Gegenübertragung aktiviert.

Was ich bisher nur skizzenhaft sagen konnte, soll eine Idee von der eigentlichen zentralen Bedeutung des Sehens wiedergeben. Deshalb auch dieser Exkurs in einem Vortrag über das Wort in der Kunsttherapie. Es soll zu einem Plädoyer führen, dem Sehen viel mehr Raum in der Kunsttherapie einzurichten, dem Kunstwerk vor allem anderen sehend zu begegnen. Denn so mancher voreilige Schritt vom Sehen zum Sprechen oder Handeln hat schon viele Chancen vergeben, über das schweigende Blicken zu dem zu gelangen, was Delacroix so voller Respekt als die Würde des Kunstwerks bezeichnet.

Wir fragen uns deshalb immer wieder, weshalb die Skepsis der Künstler und vielleicht auch ein gewisses Unvermögen gegenüber dem gesprochenen und geschriebenen Wort so groß ist. Weshalb geben sie uns Anlaß für größtmögliche Sensibilität beim Umgang mit dem Wort in der Kunsttherapie?

Auf die Differenz zwischen Sprache und Bild kann ich hier leider nicht so ausführlich eingehen, wie es das Thema verdient. Aber einige vorläufige Feststellungen sollen uns in der Kunsttherapie weiterhelfen.

Beides – visuelle Bilder und verbale Sprache – sind für die Menschen wesentliche Formen der Kommunikation. Doch der Sinn der Sprache ist ein anderer als der Sinn der Bilder. Sprache besteht aus abstrakten Tönen oder Linien, den Wörtern. Ihre Bedeutungen haben sie durch Zuordnungen erhalten, das heißt, durch reine Konvention der jeweiligen sozialen und kulturellen Umgebung. Sie besteht aus Begriffen (Codierungen), über die Übereinkünfte getroffen wurden beziehungsweise immer wieder Klarheit gesucht wird. Begriffsklärung nennen wir das dann. »Jedes Wort ist eine Zuschreibung eines Konzeptes zu einem gegebenen Phänomen.« (Arnheim, 1992, S. 168) Eine Beziehung zwischen geschriebenem oder gesprochenem Wort und dem bezeichneten visuellen Gegenstand besteht nicht. Wenn ich das Wort ›Fenster‹ schreibe, haben die Buchstabenzeichen nichts mit dem tatsächlichen Fenster gemein. Das Wort hat Allgemeincharakter, ein Bild nicht. Wenn ich sage ›Hand‹, weiß jeder, was ich meine. Wenn ich das Bild einer Hand male, ist dieses eine ganz bestimmte Hand. Arnheim schreibt: »Die Sprache beschreibt Objekte als in sich abgeschlossene Dinge (...) Eine Erdbeere ist ein sprachliches Objekt, ihre Röte ein Anderes (...) Zeitliche und räumliche Beziehungen sowie logische Verknüpfungen werden gleichfalls verdinglicht (...) Sprechen bedeutet mithin, daß ein in sich geschlossenes Bild zerlegt wird, so wie man eine Maschine zum Verschiffen demontiert. Das Gesprochene zu verstehen heißt, das Bild wieder aus Einzelteilen zusammensetzen.« (Arnheim, 1991, S. 126 f.)

Bei der Rekonstruktion eines Bildes muß die Sprache die vorhandenen räumlichen Beziehungen linear mittels der Worte und Sätze eine nach der anderen begrifflich erfassen. Daß diesem wörtlichen Erfassen Grenzen gesetzt sind, läßt sich erkennen, denn ein Bild oder eine Skulptur vermitteln sich nur in der Gleichzeitigkeit des Visuellen. Diese Darstellung folgt nicht einer linearen Logik; wir wissen, daß in einem Bild Widersprüche gegeben sein können, Verdichtungen, Gleichzeitigkeiten von Ereignissen, die chronologisch auseinander liegen.

Wollen wir uns dem Bild rational annähern, müssen wir, so Arnheim, »lineare Verbindungen durch das Universum der Simultaneität ziehen.« (Arnheim, a.a.O., S. 127) Wir beschreiben dann, daß ein Himmel rot ist und der Vulkan ausbricht und das Haus in der Nähe steht und gefährdet scheint. Der Verlust des Beziehungs- und Gefühlsausdrucks des Sichtbaren wird durch die Beschreibung seines Gefüges sehr deutlich. Wie Berger sagte: Das Visuelle läßt sich niemals unversehrt ins Verbale übersetzen.

Jedoch können abstrakte Konzepte wie ›Liebe‹ oder ›Ewigkeit‹ durch die Sprache effektiver als in einem Bild kommuniziert werden. Die Sprache ist geeignet, schnell und mit höchstem Grad an Informationsgehalt und Präzision Wissen zu vermitteln.

»Ich bin heute wegen eines Verkehrsstaus zehn Minuten zu spät zu meiner Verabredung gekommen« – für eine solche Aussage müßte ich eine ganze Bildergeschichte von mehreren Sequenzen zeichnen. Insofern ist Sprache ökonomischer. Sprache schafft Verbindlichkeiten, Überprüfbarkeit, weil Bedeutungen festgelegt sind. Deshalb ist sie auch das Instrument des naturwissenschaftlichen Denkens, denn dieses fordert Eindeutigkeit. Natürlich spreche ich jetzt nicht über Dichtung.

Die Sprache ist unabhängig von direkten sinnlichen Stimuli. Sie kann von Medium zu Medium wechseln, kann einen Geruch beschreiben, einen Laut bezeichnen, den Ort definieren, ein intellektuelles abstraktes Konzept erörtern. Im Gegensatz dazu ist jedes Statement in der Kunst an direkte sinnliche Bedingungen gebunden. Doch, so Arnheim, bezahlt die Sprache für ihre Souveränität damit, daß sie ganz und gar dem Bereich der Indirektheit zugewiesen ist, den geistigen Images des Hörensagens. Im Vergleich gewinnen die bildenden Künste durch ihre Darstellungskraft der Wahrnehmungswelt in ihrer sinnlichen Direktheit.

Zur Unterscheidung von Sprache und visueller Ausdrucksform hat sich auch die Philosophin Susanne Langer geäußert. Sie geht ebenfalls von grundsätzlich zwei Bereichen der Kommunikation aus: der diskursiven und der präsentativen Symbolik. In der Diskursivität ist die logische Sprache, »das Wißbare«, enthalten und insofern »ein durch das Erfordernis diskursiver Projizierbarkeit klar definiertes Feld«. (Langer, 1984, S. 92) Das, was über das logische System des Diskursiven nicht erfaßt werden kann, nennt sie den präsentativen Symbolisierungsprozeß: nämlich die reine Welt der Sinnesempfindungen, das heißt die Wahrnehmungen, die wir über Augen, Ohren, Nase, Haut machen und ihre symbolische Artikulation wie in den Künsten. Unsere Sinne abstrahieren von den unzähligen Einflüssen der Außenwelt, sie klassifizieren Töne, Gerüche, Visuelles, kurz – das, was sie wahrnehmen. So sind ihre symbolischen Repräsentationen direkte Formen der Wahrnehmung. Über die Bildende Kunst sagt Langer: »Visuelle Formen – Linien, Farben, Proportionen und so weiter – sind ebenso der Artikulation, das heißt der komplexen Kombination fähig wie Wörter. Aber die Gesetze, die diese Art von Artikulation regieren, sind von denen der Syntax, die die Sprache regieren, grundverschieden. Der radikalste Unterschied ist der, daß visuelle Formen nicht diskursiv sind.« (Langer, a.a.O., S. 99)

Unsere Schlußfolgerung dürfte also bislang lauten: Die Charakteristika von Bild und Sprache sind nicht identisch. Sie finden ihre jeweiligen Analogien primär in anderen Bereichen. Dem Bild entspricht das Sinnlich-Körperbezogene, die Mehrdeutigkeit, Ambiguität, Simultaneität, Zeitlosigkeit, die Subjektivität. Der Sprache entspricht die diskursive, der rationalen Zensur unterworfene Logik, das Allgemeine und das begrifflich Verständige, die Kodierungen der Gesellschaft.

Wir sind jetzt an dem Punkt angelangt, an dem das Hauptproblem offen zu liegen scheint. Kunst und Sprache sind Ausdrucksformen menschlichen Denkens und Erlebens und scheinen einander nicht ersetzen zu können. Das heißt aber auch, daß sie voneinander abhängig sind, denn es gibt keine Kunst ohne Kommentar und keine Sprache ohne Bilder. Ich meine, wir sollten in der Kunsttherapie sehr auf die Gewichtungen der gegenseitigen Einflußnahme achten. Da es aber heißt, wir machen Kunsttherapie, wollen wir erst erforschen, was mit der Sprache im Kontext von Kunst geschieht.

Trotz des impliziten Schweigens des Bildes ruft es offenbar doch auf, mit anderen Verständigung zu suchen. Belting meint, die Bilder zu verstehen bedeutet auch, sich zu erinnern, gemeinsam zu begreifen, also Bildung zu haben. Wedewer fragt: »Wie gelangt Anschauliches überhaupt zu geistiger Bedeutung?«. (Wedewer, 1986, S. 23) Hinter welcher Bildung sind wir in der Kunsttherapie her? Sind dies eindeutige Antworten auf unauflösbare Vieldeutigkeiten in den Bildern der Patienten? Ich bin der Meinung, wir können hier viel vom Umgang mit dem Wort in der Kunst lernen.

Gehen wir zuerst vom Künstler selbst aus – er erwartet den Kommentar des Betrachters zu seinem Werk. Der Maler Jannis Kounellis sagt: »Alles, was entsteht, kommt in einem bestimmten, genau zu beschreibenden geschichtlichen Augenblick zustande (...) Diese Ereignisse beeinflussen und verändern das Werk eines Künstlers«. (Stooss, 1993, S. 42)

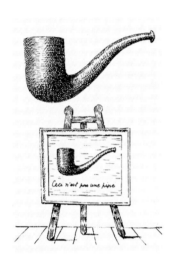

René Magritte:
»Ceci n'est pas une pipe« (Das ist keine Pfeife), 1966 (oben).
Piet Mondrian und Michel Seuphor: »Tableau-poème«, 1928 (unten).

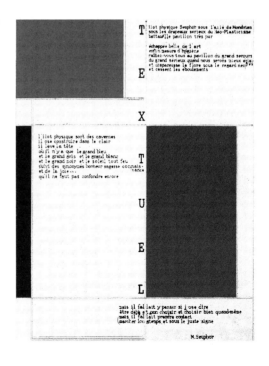

Der künstlerische Kommentar ist ein konstituierendes Moment des Werkes. Das Werk will nicht sich selbst genügen, sondern es fordert die Kommunikation mit dem Betrachter. Dies scheint ein grundsätzliches Bedürfnis in der Kunst zu sein wie das Bedürfnis nach der Schaffung des Werkes selbst.

Die Rolle des Publikums wird immer wieder betont. Seine Reaktionen wirken sich auf den Fortgang der Arbeit mehr oder weniger mittelbar aus. In der Kunst wurde der Begriff der »Lingualisierung« eingeführt, um die drei unterschiedlichen Möglichkeiten bei einer Verbindung von visueller Kunst mit dem Phänomen der Sprache zu benennen: 1. Sprache wird in das Kunstwerk integriert; 2. sie wird zum Medium der bildenden Kunst; 3. Sprache geht einher mit dem Kunstwerk, sie wird zum komplementären »Kommentar«. (Stooss, 1993, S. 7)

Aus der Kunst kennen wir genügend Beispiele, ich möchte zum ersten Punkt an Magritte erinnern, der das Widersinnige einer solchen Begrifflichkeit in der Kunst öfter thematisiert hat. (links oben)

Oder an die Dadaisten, oder an Piet Mondrian (Abb. links unten), der selbst kommentierte: »Der Künstler ist nicht mehr länger Werkzeug seiner Intuition«. (Stooss, 1993, S. 22) Auch in der Kunsttherapie wird Sprache manchmal integriert. (Abb. rechts oben und Mitte) Ich habe den Eindruck, daß dies geschieht, wenn die Maler mehr den rationalen Gedanken als ein Gefühl darstellen wollen. So hatte der Patient das Widersinnige der Schrift- und Wortsprache offensichtlich andeuten wollen, ebenso wie es Magritte getan hat.

Schrift scheint mehr noch aus einem anderen Grund aufzutauchen, wenn etwa Mondrian »das Bewußte« in seinen Schrift-Bildern hervorhebt: »Der Künstler ist nicht länger ein blindes Werkzeug seiner Intuition«. Es scheint, daß statt des Gefühls eine mehr geistige Darstellungsabsicht dominiert, die Vernunft und Gefühl in einem ausdrücken will. Die wortsprachliche Verständigung dient primär als Kontrolle gegenüber vom Impuls geleiteter malerischer Gestik und hat in diesem Fall eine prägende Wirkung. Es scheint, daß zumindest in der Kunsttherapie auch dann Sprache in den Bildern auftaucht, wenn Befürchtungen gehegt werden, daß ein Bild ohne Kommentar nicht wirklich verstanden werden könne. Die Verbindung von verstehen und Verstand scheint dabei nur über das Wort hergestellt und geschätzt zu werden. Schrift wird zur Erläuterung, Erklärung des Ausdrucks, vielleicht auch zur Dekonstruktion möglicher Gefühlsinhalte benutzt. Das hieße, daß der zensierende Verstand auf Kosten des Gefühls das Bild bestimmt.

Seltener wird in der Kunsttherapie die Sprache selbst zum Medium. (unten) Dieses Bild wurde übrigens von demselben Patienten gestaltet, der dem Bild in der Abbildung oben die Überschrift gegeben hatte und der auch Gedichte schrieb.

Am häufigsten geht Sprache mit dem Kunstwerk einher, wird zum »künstlerischen Kommentar«. Das scheint sowohl in der Kunst als auch in der Kunsttherapie der Fall zu sein.

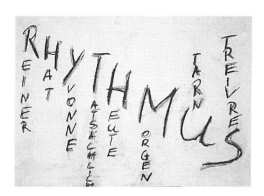

Werke aus der Kunsttherapie, in denen die Sprache einen integrativen Anteil einnimmt (oben und Mitte) und ein Bild, in dem die Sprache selbst zum Medium wird, was aber in der Kunsttherapie seltener vorkommt (unten).

Die Kommentierenden in der Kunst sind eher die Kunstkritiker und Kunsthistoriker als die Künstler selbst. Solcherlei Experten werden – wie schon angedeutet – oft argwöhnisch von den Künstlern und den Lesern der Kunstbücher und Aufsätze betrachtet, denn, so Belting, sie verwechseln die Bilder oft mit bloßen Kunstdaten oder mit Werken und suchen in den Bildern nur die Kunst, anstatt in der Kunst unsere Bilder: gemeint sind die inneren Bilder, die im Betrachter berührt und geweckt werden. So bedauert Belting: »Der spezialisierte Diskurs, dem sie die Bilder unterwerfen, geht nicht alle an und die Fachwissenschaftler haben sich dort breit gemacht, wo die Schriftsteller ausgeblieben sind«. (Belting, 1995)

In der Kunsttherapie sind es die Therapeuten, die in ihrer Rolle autorisiert scheinen, den spezialisierten Diskurs aufnehmen zu können, wenn sie das Bild dem Jargon der Therapie unterwerfen. Man hört dann zu einem Bild manchmal solche Beschreibungen: Die Sonne in der rechten oberen Ecke mit den kurzen Strahlen deuten auf eine versagende Mutter hin. Man spricht schnell von regressivem Malprozeß, Ich-Störungen, Stabilisierungstendenzen, archetypischen Formen etc. Der Diskurs wird – wie Hartwig sagt – leicht zur Gier nach Deutungen. Sprache verleitet offensichtlich dazu, das scheinbar Eigentliche im Bild festlegen zu wollen. Das Bild in der Kunsttherapie wird dann fast unwillkürlich zum Diener des psychotherapeutischen Funktionsmaßstabes, das heißt es wird auch zum Objekt der Befindlichkeit gemacht: Wie geht es Ihnen mit dem Bild? Was löst es in Ihnen aus?

Nun sollte man spätestens bei solchen Fragen überlegen, ob dies geeignete Formen sind, ein Bild zu verstehen – wenn zuerst Fragen an den Maler gestellt werden – wohlgemerkt fragende Worte. Erinnern solche Fragen etwa nicht an Erfahrungen des Pseudo-Interesses im Alltag: Wie geht es Ihnen? Die Antworten sind ebenso leicht programmierbar, zensierbar wie im Alltag. Fragen drängen das Bild in eine ganz bestimmte, vom Fragenden gesteuerte Richtung. Die Folge davon ist: der Maler-Patient und der Frager haben gemeinsam das Bild verlassen; man ›denkt‹ über das Bild nach und fühlt die Gefühle nicht mehr, die es auslöst.

»Was ist das?« – eine weitere häufig gestellte Frage, die wiederum erfordert, daß der Antwortende eindimensional rational einordnen kann, was er oder sie ins Bild gegeben hat. Dies ist eine paradoxe Aufforderung, denn eindeutige Antworten auf vieldeutige Schichtungen kann es in der Kunst nicht geben. Schlimm genug, wenn so gefragt wird, aber wie leicht kann ein Patient dabei auch gekränkt sein und annehmen, daß er nicht gut genug gezeichnet oder gemalt hat und daß der Therapeut dies erkennt: ein potentielles Versagenserlebnis, das der Therapeut vermeiden kann.

Deshalb wäre es ratsam, in der Kunsttherapie die berühmten W-Fragen zu meiden, die im übrigen auch leicht an unangenehme Situationen der Rechtfertigung erinnern können. Um restriktiven Deutungsversuchen verbaler Natur zu entgehen, hat sich ein phänomenologischer Umgang mit allen Facetten der Kunsttherapie als sehr brauchbar erwiesen. Dieser Weg wird sowohl dem Patienten als auch dem Bild eher gerecht.

Ein kurzes Beispiel dazu: Ein vierzigjähriger, zurückgezogen erscheinender Patient mit einer psychotischen Erkrankung meinte nach einigen Wochen Kunsttherapie, er habe schon alles gemalt, was es zu malen gibt, er wisse nun gar nichts mehr darzustellen. Ich machte ihm ein möglichst breites Ideenangebot, so daß er Orientierung und gleichzeitig verschiedenste Möglichkeiten hatte, ein Motiv zu finden. So zählte ich ihm auf, er könne einen Wunsch, einen Traum, einen Ort, an dem er gerne, oder an dem er gar nicht gerne wäre, ein Bild aus der Realität oder auch eines, das aus der Phantasie entstünde, malen. Er schien eine Weile nachzudenken und danach entstand die Zeichnung, die in der Abbildung rechts oben zu sehen ist. Er wollte keine Beschreibung geben, so fragte ich ihn, ob er von den Themen, die ich ihm genannt hatte, etwas ausgewählt habe. Darauf sagte er ganz deutlich:

Zeichnung aus einer kunsttherapeutischen Sitzung (links).

»Ja, etwas zwischen Phantasie und Realität!« Er war einverstanden, daß seine Mitpatienten sein Bild beschrieben, dabei wurden erst die Berge und der Pavillon erwähnt. Er sagte, daß er bald in eine große süddeutsche Stadt zurückkehren würde, in die Nähe seiner Eltern, aber er wisse nicht, ob ihm das gefiele. Die Eltern kümmerten sich intensiv um ihren vierzigjährigen Sohn; in Berlin zu sein, hieß für ihn, mehr Abstand zu ihnen, aber weniger familiäre Versorgung zu haben – offensichtlich stand er diesem Thema ambivalent gegenüber.

Er sagte, die Frauen hätten keine Arme und statt dessen Flügel, wären so wie Engel. Er akzeptierte, daß jemand ergänzte, sie könnten so zwar fliegen, aber niemanden umarmen. Als nun andere Mitpatienten die beiden Frauen als mit großem Busen ausgestattet und mit transparent verführerischen Kleidern angezogen beschrieben, machte der Patient mit einem Brummeln sehr deutlich, daß es jetzt genug sei mit den Beschreibungen. Das wurde dann auch allseits respektiert; mein Kommentar dazu war, es scheine, daß es ihm jetzt zuviel werde mit den Beschreibungen und wir, wenn er es wolle, aufhören. Er schien erleichtert. In der folgenden Stunde zeichnete er den Boden und den Turm, akzeptierte die Beschreibung kommentarlos, daß die Frauen nun als auf einem Boden aus Fliesen stehend und ein alter Turm zu sehen waren.

Bei der Interpretation des Dargestellten (für mich selbst und natürlich nicht innerhalb der Gruppe der Patienten) kam ich zu folgenden Überlegungen: Wer nun die beiden Frauen genau waren, konnte ich an dieser Stelle nicht sagen, ob sie mit der Mutter, anderen Frauen in seinem bisherigen Leben, seiner Ärztin oder mir und meiner Co-Therapeutin zu tun hatten, blieb unklar. Deutlich war auf jeden Fall der verführerische Aspekt, vielleicht idealisierend, aber auch ablehnend (keine Arme). In der Gestaltung der Umgebung beziehungsweise des Hintergrundes wurde deutlich, daß sich der Patient mit den typischen Charakteristika seiner Stadt, in die er zurückkehren wollte, beschäftigte. Er hatte verschiedenste Botschaften in sein Bild gegeben, zu den Themen, die ihn bewegten. Er hatte dafür Ausdruck und vielfältige visuelle Formen gefunden. Dem Gebrauch der verbalen Sprache als Modus zur Deutung und Einsicht hatte er deutlich Grenzen gesetzt. Die Worte in ihrem interpretatorischen und festlegenden Charakter schienen ihn zu nahe an solche Themen herangeführt zu haben, die er im kognitiven Bewußtseinsbereich fernhalten und vermeiden wollte, das heißt, sie hatten offensichtlich auch ein gewisses Maß an Angst ausgelöst. Die Vieldeutigkeit der Zeichnung konnte er leichter akzeptieren, wenn Sprache nur sehr wenig und klar beschreibend, nicht deutend benutzt wurde.

Der Kunsthistoriker Zimmer faßt den Einfluß von Sprache auf die Wahrnehmung von Kunst in einigen Aussagen zusammen:

» • Die Sprache kann visuellen Informationen eine andere Be-Deutung verleihen und dadurch die Einstellung des Betrachters und über diese seine Wahrnehmung beeinflussen. Dies ist ihr kommentierender Aspekt.

• Die Sprache kann den Aufbau der kognitiven Repräsentationen des Wahrgenommenen lenken. Dies ist ihr strukturierender Aspekt.« (Zimmer, 1983)

Wenn ich als Therapeutin einen Kommentar zu einem Bild, einer Skulptur, einer Farbe oder einem Handwerkszeug mache, muß ich mir bewußt sein, daß ich in einer mächtigen Position bin und durch meine Worte einen Aspekt des Bildes, der Skulptur oder des Mediums hervorgeholt, das heißt auf die Ebene des Bewußtseins gelenkt habe. Meine Worte verankern die Wahrnehmung des Patienten. Das bedeutet, daß er sein Bild mit dem Filter des Gesagten ansehen muß. In irgendeiner Weise muß er sich zu diesen Worten verhalten. Sie stehen im Raum, man kann sich ihnen nicht mehr entziehen. Selbst das Nicht-Hinhören kann nur ein Versuch sein, aber es ist auch eine Reaktion auf meine Worte.

Psychologisch gesehen, schwäche ich möglicherweise die Abwehr des Patienten. Wenn dies der Fall ist, rücke ich als Therapeutin einen Aspekt seines Werkes ins Bewußtsein des Patienten, den er vielleicht bisher, aus welchen Gründen auch immer, verdrängt hatte. Ich tue etwas Ähnliches wie ein Analytiker bei einem Deutungsversuch. Der Patient kann meine verbale Intervention als Bereicherung und neue Sichtweise (so wie in der Analyse über »Einsicht« gesprochen wird) annehmen, oder er kann sie zurückweisen.

Zur Abbildung auf dieser Seite: Frau H. litt unter ihren eigenen zwanghaften Verhaltensweisen. Nach einigen Stunden Kunsttherapie traute sie sich an die Gouache-Farben und malte, vom Rand außen beginnend, diese Streifen. Ich war sehr gespannt und befürchtete, daß sie immer enger würden, je weiter die Streifen in Richtung der Mitte des Blattes hin entstanden. Diese Befürchtungen bezogen sich auf den übertragenen Sinn des Verengens: Obwohl sie am Anfang ihre malerischen Gesten mit Blickkontakten und aufgeregten Bemerkungen begleitet hatte, schi-

Hilfestellungen in der Kunsttherapie können durch vorsichtige und gezielte Interventionen geleistet werden.

en sie mittlerweile ganz den Kontakt zu mir verloren zu haben und wirkte insgesamt wie einem mechanischen Raster folgend. Deshalb unterbrach ich sie mit einer verbalen Intervention: »Könnten wir das Bild mal aus ein wenig Distanz betrachten?« Sie war einverstanden und wir traten zwei Schritte zurück. Ich fragte sie, wie es denn für sie jetzt aussähe. Sie meinte, wenn sie so weitermale, würde es langweilig. Ich schlug deshalb vor: »Dann setzen Sie etwas dagegen!« Daraufhin malte sie die mittleren, sich überschneidenden Diagonalen und die anderen winkeligen Formen. Am Schluß der Stunde war sie sehr erfreut über das fertige Ergebnis, und als sie in der Sitzung eine Woche später das Bild noch einmal ansah, sagte sie, gar nicht glauben zu können, daß sie so etwas gemalt habe.

Zwei Interventionen hatten zu dieser Veränderung geführt: Zunächst die Aufforderung, sich das Bild einmal aus einiger Distanz anzuschauen, und die Bemerkung: »Setzen Sie etwas dagegen!« Jeder Künstler hat die Erfahrung gemacht, daß ab und zu das Herstellen von Distanz zum entstehenden Werk sehr brauchbar sein kann, besonders dann, wenn man sich scheinbar in einer implosiven Situation des Prozesses befindet, wo jede Lösung unmöglich erscheint. Da die Patientin diese Distanz nicht selbst herstellen konnte, was analog zu ihren sonstigen zwanghaften Verhaltensweisen schien, bot ich diese distanziertere Position in der Funktion des künstlerischen Hilfs-Ich an. Dies sollte ihr einen neuen Blickwinkel auf das entstehende Bild ermöglichen. Meine Bemerkung, daß sie etwas dagegensetzen solle, damit ihr Bild nicht langweilig werde, sollte die Bereitschaft zu alternativen Handlungsweisen herstellen. Der Aufbau von formalen Spannungen (dagegensetzen – Gegensätze herstellen) schafft Vielfältigkeit in einem Bild, konterkariert die befürchtete Langeweile. In diesem Fall stand der befürchtete »langweilige« Ausdruck offensichtlich für den üblichen zwanghaften Umgang mit Lebenssituationen. Die gefundene Form im Bild spiegelte der Patientin, daß sie die Fähigkeit entwickelt hatte, Alternativen zu finden und Spannungen positiv und kreativ zu nutzen.

In diesen Beispielen ging es mir darum, Ausschnitte eines kommentierenden Umgangs mit Bildern in der Kunsttherapie zu zeigen. Ich bin auf sprachlicher Ebene gemeinsam mit dem Patienten im Bild geblieben, auf jener symbolischen Ausdrucksebene, die der Patient selbst gewählt hatte.

Eine weitere Art der therapeutischen Intervention auf der Basis künstlerischer Äußerungen soll in der folgenden Fallvignette beschrieben werden. Eine fünfzigjährige Patientin, die wegen Depressionen stationär behandelt wurde, wollte mit Temperafarbe eine der Krähen malen, die sie im benachbarten Park immer wieder fasziniert beobachtete. Sie hatte beschrieben, daß diese Tiere alle ganz merkwürdig und geheimnisvoll, sogar fast gemein aussähen. Mit dem Ergebnis (Abbildung oben) war sie aber nicht zufrieden. Dieser Vogel habe nicht den Charakter, den sie zu zeigen versucht hatte. Er wirke zu kindlich. Ich schlug ihr vor, mit einem Skizzenblock, Bleistift und Radiergummi im Park mehrere Krähen zu zeichnen, wenn sie sich vorstellen könne, das zu tun. Sie traute sich tatsächlich und brachte in der folgenden Stunde diese Skizzen mit (Mitte). In mehreren Sitzungen malte sie dann konzentriert auf einem großformatigen Papier das unten abgebildete Gemälde. Sie war selbst sehr zufrieden mit dem Ergebnis und beschrieb die schwarzen Vögel als sehr verschieden aussehend, alle unterschiedlich im Charakter; den einen als gutmütig, den andern als gemein, einen weiteren als kindlich, hochnäsig. Die formale Gestaltung war weitaus differenzierter als in der ersten Darstellung mit nur einem Vogel. Es war ihr gelungen, mehrere Aspekte eines Wesens darzustellen. In diesem Bild hatte sie versucht, eine ursprünglich flache, wenig expressive Gestalt in eine vielschichtig differenzierte Form zu bringen. Vermutlich spiegelte dieser Prozeß wichtige aktuelle Themen wider: Aus einer depressiven, resignierten Haltung mit wenig differenzierter

Die verschiedenen Phasen der Entwicklung einer Patientin, die kunsttherapeutisch behandelt wurde: Zeichnung (oben), Skizzen (Mitte) und das fertige Gemälde (unten).

Sichtweise von sich selbst und anderen fand sie innerhalb des künstlerischen Prozesses zu neuen und erweiterten symbolischen Ausdrucksformen. Möglicherweise lag in der Wahl des Themas »Vögel« unbewußt auch das Thema Beziehung und Sexualität, denn die alleinstehende Patientin äußerte auch den Wunsch nach einem Partner in ihrem Leben.

Zu weiteren Aspekten der Wahrnehmung in der Kunst soll nun noch einmal Zimmer zitiert werden: »Sprache kann einen Bereich der Umwelt angeben, auf den der Zuhörer seine Wahrnehmung lenken soll. Dies ist ihr selektiver Aspekt.« (Zimmer, 1983) Denken wir an einen Besuch im Museum, wo manche Leute während des Rundgangs in der Ausstellung sich den Kopfhörer überstülpen und gelenkt werden von dem, was die Stimmen des Tonbandes ihnen sagen. Der Betrachter soll nicht sich selbst im Bild erforschen, sondern was eine fremde Stimme ihm ins Ohr sagt.

Sehe ich auf kleinen beigefügten Schildchen neben dem Kunstwerk einen Titel, bekommt es eine deutliche Bestimmung. »Nicht nur die kulturelle Stellung des Werkes verändert sich, sondern auch der gesamte Kontext (...) Die Bedeutungen dieser bestimmten Anordnung von Formen und Farben verändern sich, (...) auch die Anordnung selbst verändert sich.« (Butor, 1993, S. 15)

Ähnliches geschieht, wenn ich den Patienten frage, ob sein Bild oder seine Skulptur einen Titel hat oder haben könnte. Einerseits kann ein Titel das Thema eines künstlerischen Werkes auf den Punkt bringen, er kann Klärung für Diffuses und damit Einsicht in neue Zusammenhänge herstellen. Andererseits kann der Titel ablenken, eine Aussage fixieren, die einen Schleier über den eigentlichen sichtbaren Ausdruck legen, ihn verbergen kann.

Es gibt Ansätze in der Kunsttherapie, bei denen dem Patienten meist ein Thema gestellt wird. Ein Kunsttherapeut muß ein Bewußtsein dafür haben, daß er damit die Wahrnehmung des Patienten steuert. Dieser folgt seinem (des Therapeuten) Vorschlag und benutzt dessen Wahrnehmung, um die eigene zu formen. Die Authentizität des selbst gefundenen Motivs oder Themas wird einem solchen Bild erfahrungsgemäß fehlen, – wie sie den meisten sogenannten Auftragsbildern fehlt. Der Patient malt nicht sein Bild, sondern das seines »Auftraggebers«.

Manchmal halten es Kunsttherapeuten für wirkungsvoll, wenn sie dem Patienten ihre Wahrnehmung mitteilen. So wurde die Rolle des Kunsttherapeuten einmal innerhalb einer Fachorganisation folgendermaßen beschrieben: »Der Kunst- bzw. Gestaltungstherapeut begleitet den Gestaltungsprozeß seiner Klienten, indem er Wahrnehmungen, Gefühle und Einfälle in fachlicher Weise (zum Beispiel unter Berücksichtigung der Belastbarkeit oder der Übertragung der Klienten) zu den Bildwerken mitteilt, die Klienten aber die Bedeutung ihrer Gestaltungsarbeit selbst finden läßt.« Nicht nur, daß der Patient bis an seine Grenzen belastet werden soll, ein solcher Kunsttherapeut versteht nach diesen Formulierungen seine Rolle primär darin, daß er dem Patienten oder Klienten seine Wahrnehmung, Gefühle und Einfälle über dessen Bild aufdrängt, in der naiven Hoffnung, daß daraufhin der Patient noch unabhängig von diesen »Mitteilungen« die Bedeutungen seiner Gestaltungsarbeit selbst finden kann. Was würde da geschehen? Der Kunsttherapeut würde dem Bild mit der verbalen Sprache etwas zuordnen, was notgedrungen linear, diskursiv und reduziert und vor allen Dingen seine Wahrnehmung ist. Damit würde er schlicht Macht ausüben und das Bild auf die Ebene seiner Sichtweisen zwingen.

Der Patient, meistens der schwächere und abhängigere von beiden, folgt ihm. Denn er vermutet oder hat die Hoffnung, daß der Therapeut von der Materie mehr Ahnung hat als er. Eine vorschnelle verbale Offenbarung des Therapeuten wird ihm den authentischen Zugang zu seinem Bild versperren, denn seine Wahrnehmung steht ab diesem Zeitpunkt unter dem Einfluß der Vorvermutungen und Formulierungen (Deutungen) des Therapeuten, anstatt den eigenen Zugang zu seinem Bild auf seine Weise zu finden. Eine Ironie, die nebenbei entstehen könnte: Nur solche Patienten wären damit zufrieden, die nach bisher vergeblicher Suche endlich jemanden gefunden haben, der ihnen sagt, wer und wie sie sind, also deren Passivität und Abhängigkeit (und damit Abwehr) durch eine solche Äußerung des Therapeuten verstärkt wird.

Diese Art der Rollenbeschreibung weist auf zwei wesentliche Lücken im Selbstverständnis einiger Kunsttherapeuten hin: Sie haben von der Kunst Wesentliches nicht verstanden und schätzen ihre Kraft gering; es ist das, was Hartwig den »Eigensinn« nennt. Den intrinsischen Kräften der Kunst wird nur geringe therapeutische Brauchbarkeit zugestanden. Vielleicht haben sie größere Wertschätzung für die Kunst in ihrem privaten Bereich – jedenfalls nicht in der Therapie.

Bei einer solchen Bloßstellung ist es nicht verwunderlich, wenn weder die etablierten Therapieformen noch die Künstler uns Vertrauen entgegenbringen. Größte Sorgfalt sowohl bei den Überlegungen der inhaltlichen Themen der Definitionen des Berufsbildes als auch bei der Formulierung von Texten halte ich vor allem in diesem Stadium der Entwicklung des Berufes für äußerst wichtig.

Das gesamte Geschehen in der Kunsttherapie dreht sich primär um den kreativen Prozeß. Sinnigerweise sollte die angewandte Sprache dem künstlerischen Kommentieren und Vermittlungsprozeß näher sein als der verbalen Psychotherapie. Daß der Kunsttherapeut zweisprachig sein muß, daß er die psychotherapeutischen Prozesse und die Dynamik der Beziehungen zwischen Patient, künstlerischem Werk und ihm als Therapeuten erkennen und einordnen und sie für sich, aber nicht laut, mitsprechen können sollte, halte ich für die größte Kunst, die der Kunsttherapeut erlernen muß.

Das Therapeutische scheint mit enormer Verführungskraft ausgestattet zu sein: Ich beobachte, daß die kunsttherapeutische Praxis dazu neigt, ihre sprachliche Heimat viel näher in der Verbalität der Psychotherapie anzusiedeln als in den unauflösbaren, vieldeutigen Kräften der Kunst. Wir haben in der Kunsttherapie keine äquivalente Ausbildung im Umgang mit der Sprache wie die verbal arbeitenden Psychotherapeuten. Denken wir daran, wie sorgfältig und bedacht ein Psychoanalytiker seine Worte wählt, wenn er mit dem Analysanden spricht! In jahrelanger Ausbildung und Supervision hat er das gelernt. Es ist meiner Meinung nach ein grober Fehler, wenn wir es den verbal arbeitenden Kolleginnen und Kollegen in der Psychotherapie gleichtun wollen. Denn ihr Instrumentarium ist nicht unseres und kann es nicht sein. Das Schlimmste, was uns bei einem Wetteifer passieren kann, ist schlichtweg, daß uns die Kunst abhanden kommt. Wenn sie auf diese Art kläglich ausgehöhlt wird, bleibt nichts übrig als eine banale Oberfläche. Denn der Kern der Kunst wäre endgültig reduziert auf bloße Zeichensprache: Mittel zum therapeutischen Zweck, freigegeben zur Jagd nach Übersetzungen in die Codes der Psychotherapie.

Ich habe Vermutungen zum Ursprung solcher Ambivalenzen zu Wort und Kunst in der Kunsttherapie zu formulieren versucht: Die Sprache des Begrifflichen ist kognitiv, ist nachvollziehbar. Sie gibt den Anschein der Verbindlichkeit und Wissenschaftlichkeit. Ihr Vokabular läßt sich erlernen, denn der verbalen Sprache sind wir alle mächtig. Dazu noch ein kurzes Beispiel: Spricht man über die Bilder eines frühgestörten Kindes mit diversen Ich-Störungen, dann sehen wir zuerst das arme Kind mit seinen diagnostisch pathologischen Zuschreibungen, dann erst die Bilder. Würden wir zuerst die Bilder sehen, sie auf uns wirken lassen, das Sprechen als ein Wiedergeben dessen, was man sehen kann, verstehen, dann würden wir vielleicht ein völlig anderes »Bild« von dem Menschen bekommen, der dieses Bild gemalt hat, eines, das vom Bild ausgeht. Wir würden dann das sehen, was das Bild in uns abbildet, »im Bilde sein«.

Bleiben wir mit der Sprache näher an dem, was wir sehen und nicht, was wir darüber gehört oder gelesen haben, dann wird uns unsere sinnliche Erfahrung berichten können. Ein weiteres Plädoyer: Seien wir sensibel für den Einfluß, den Worte auf Bilder und Skulpturen haben. Denn was wir sagen, verändert jede Form, schafft neue Wirklichkeiten. Nur wenn wir uns mehr das schweigende Betrachten erlauben als das Reden, wird in uns etwas angesprochen, wofür es keine Worte gibt. Das heißt, wir müssen dem Bild gegenüber verbale Passivität, vielleicht sogar so etwas wie Demut ausüben. Dann erst wird es zu uns sprechen.

Das Bild ist sein bester Vermittler. Wenn wir sprechen, sprechen wir hauptsächlich über das, was wir sehen; dann kann auch der Patient seine eigenen Sehweisen reflektieren, das Bild als Spiegel benutzen. Denn die wahrscheinlichste Form der Wirklichkeit ist die Form der Form.

Literatur

Arnheim, Rudolf: Neue Beiträge. Köln 1991.
Arnheim, Rudolf: To the Rescue of the Arts, Berkeley 1992.
Belting, Hans: Die Bilder in der Bildung. In: Frankfurter Allgemeine Zeitung 4./5./6. Juni 1995.
Berger, John: Das Bild der Welt in der Bilderwelt. Frankfurt/M. 1988.
Berger, John: Begegnungen und Abschiede. München 1993.
Boehm, Gottfried: Was ist ein Bild. München 1994.
Butor, Michael: Die Wörter in der Malerei. Frankfurt/M. 1993.
Freud, Sigmund: Vorlesungen zur Einführung in die Psychoanalyse (1916/1917). GW, Bd. XI.
Hartwig, Helmut/Dannecker, Karin: Kunst, Kunst-Therapie, Kunstpsychotherapie. Unveröffentl. Manuskript, Hochschule der Künste, Berlin (o. J.).
Jappe, Gemma: Über Wort und Sprache in der Psychoanalyse. Frankfurt/M. 1971.
Lacan, Jacques: Was ist ein Bild/Tableau? In: Boehm 1994, 75–89.
Langer, Susanne: Philosophie auf neuem Wege – Das Symbol im Denken, im Ritus und in der Kunst. Frankfurt/M. 1984.
Schmidt, Siegfried: Über die Funktion von Sprache in Kunstsystemen. In: Die Sprache der Kunst – Die Beziehung von Bild und Text in der Kunst des 20. Jahrhunderts. Ausstellungskatalog. Kunsthalle Wien, hrsg. v. Eleonora Louis und Toni Stoos. Stuttgart 1993.
Stooss, Toni: Am Anfang. In: Die Sprache der Kunst, hrsg. v. E. Louis und T. Stooss. Stuttgart 1993.
Wedewer, Rolf: Die Sprachlichkeit von Bildern. Köln 1985.
Zimmer, Hans Dieter: Sprache und Bildwahrnehmung. Haag und Herchen 1983.

Edith Kramer
Theorie und Praxis in der Kunsttherapie

»Theorie und Praxis in der Kunsttherapie« ist ein weites Feld. Ich will mich in diesem Beitrag auf das Thema der »Dritten Hand« konzentrieren. Die Hand, die Kunsttherapeuten benötigen, um den Produktionsvorgang ihrer Patienten zu unterstützen, so wie Psychoanalytiker ein drittes Ohr brauchen (Theodor Reick), um zu hören, was die Patienten aussagen.

Ich möchte aber zuerst vom »Dritten Auge« sprechen. Denn in unserer ganz auf das Wort eingestellten Gesellschaft sind die Menschen im allgemeinen recht blind. Selten sind sie fähig, ein Bild oder eine Skulptur genau zu betrachten und zu erkennen, was bildhaft ausgesagt wird. Nehmen wir als Beispiel das Bild, das auf der Einladung zu einem Symposium über »Creativity and Madness« abgebildet ist. (Abbildung oben) Zu sehen ist ein seiner schützenden Schädeldecke beraubtes menschliches Gehirn, in das man drei Pinsel gesteckt hat. Eine Palette, ein aufgeschlagenes leeres Heft und einige Noten symbolisieren offenbar Malerei, Literatur und Musik.

Die Mischung von Grausamkeit und Banalität ist erstaunlich. Noch erstaunlicher ist es, daß diese graphische Monstrosität bis heute vom »American Institute of Medical Education« verwendet wird. Offenbar hat keiner der Ärzte, die sich mit dem Verhältnis zwischen Kunst und Wahnsinn befassen, an dem Bild Anstoß genommen. Wahrscheinlich hat niemand das Bild genau betrachtet.

Ich bin selbst einmal Opfer dieser Art Blindheit gewesen. Mein erstes Buch über »Art Therapy in a Children's Community« hatte als Umschlag das Bild einer Sonne, von einem zehnjährigen, psychisch gestörten Buben gemalt. (Abbildung Mitte)

Als das Buch neu aufgelegt wurde, war ausgemacht, daß dasselbe Bild auf dem kartonierten Umschlag der Neuausgabe verwendet werden würde. Stellen Sie sich mein Entsetzen vor, als ich eine läppisch banal grinsende Sonne auf dem Umschlag meines Buches fand. (Abbildung unten) Offenbar hatte jemand das Bild »verbessert«. Es war auch typisch, daß mein Verleger, den ich natürlich anrief, erst gar nicht verstand, was ich denn wollte, es wäre doch eine Sonne auf dem Umschlag. Ich mußte ihn erst bitten, sich die Illustration auf Seite 44, die ursprüngliche Zeichnung, anzusehen. Dann erst erkannte er, daß sich die Sonne sehr verändert hatte.

Wenn es sich nicht um Patienten, sondern um Kollegen oder um Werbung handelt, sind Kunsttherapeuten leider nicht gegen diese Art Banalität oder Selbstverrat gefeit. Ich besitze eine ganze Sammlung von Schreckensbildern dieser Art. Sind zum Beispiel Kunsttherapeuten Zauberer, die Mädchen zersägen? (Abbildung nächste Seite oben)

Wenn man Therapeuten, die mit Worten arbeiten, Produktionen aus der Kunsttherapie zeigt, geht ihr Aufnahmevermögen oft nicht über ein flüchtiges Erkennen des Sujets hinaus. Als ich den Hund des achtjährigen Ray bei einer Fallbesprechung vorführte, wurde die Skulptur kaum angesehen, bis ich fragte: »Ist das nicht ein wunderbares Selbstporträt?« Dann erst sahen die Kollegen den traurig-bittenden Ausdruck des kleinen Hundes mit den großen schwarzen Augen, das dicke grüne Halsband, mit dem er seine

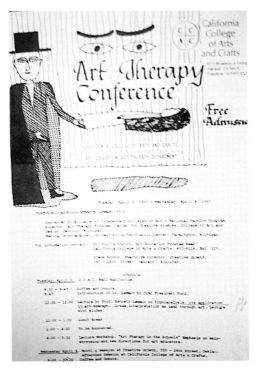

Impulsivität zu bändigen suchte, das Blut zwischen seinen Vorderbeinen und das Häufchen Stuhl unter dem Schwanz. (Abbildung Mitte) Sie erkannten in der Skulptur ein Anzeichen, daß dieses Kind an seiner Heilung mitarbeiten könnte. Soviel zum »Dritten Auge«.

Was verstehe ich unter der »Dritten Hand«, die den schöpferischen Prozeß unterstützt? Ich fasse den Begriff sehr weit: Es gehört dazu, gutes Material gut instand zu halten. Es den Patienten bei der Arbeit bequem zu machen. Das benötigte Material rechtzeitig zur Hand zu haben. Rettend einzugreifen, wenn Skulpturen auseinanderzufallen drohen. Bilder, die im Begriff sind zu zerrinnen, zu trocknen. Manchmal macht man eine kleine Skizze, die darstellt, wie an einem Bild weitergearbeitet werden könnte, oder man zeichnet eine Linie dazu in der Luft. Es gibt aber auch Situationen, wo man mehr oder weniger direkt aufgefordert wird, aktiv einzugreifen; gelegentlich ist auch das der richtige Weg.

Angel – Superman

Als ich mit ihm zu arbeiten begann, war Angel schon eineinhalb Jahre Patient in der psychiatrischen Kinderabteilung eines Städtischen Krankenhauses. Er war eingeliefert worden, weil er die Wahnidee entwickelt hatte, er wäre »Superman«. Er trug einen selbstgemachten Superman-Umhang und machte ernsthafte Anstalten, aus dem Fenster zu springen. Im Spital ersetzte er bald das Ausagieren seiner Wahnidee durch obsessives Zeichnen von Superman und anderen heroischen Gestalten. Dabei entwickelte er großes frühreifes Talent. Alles war gut, solang seine Figuren flogen. Die Abbildung unten zeigt beispielsweise Clark Kent, der im Begriff ist, seine Brille und seine Straßenkleidung abzuwerfen und als Superman wegzufliegen. Wenn Angel aber versuchte, seine Figuren auf festen Boden zu stellen, dann hatten sie alle übertrieben starke Oberkörper, standen jedoch unsicher

ne Frage, warum ich ihn denn zeichnen mußte, wo er doch selbst so gut zeichnen könne, antwortete er: »Ich kann mich nicht selbst sehen.«

Offenbar war es notwendig, daß ich seine Existenz auf diese Weise bestätigte. Meine Zeichnungen unterstützten zwar seine Wahnvorstellungen, machten sie aber gleichzeitig mehr zur spielerischen Verkleidung. Es ist auch bemerkenswert, daß er sich, nachdem das Ritual erfüllt war, der Realität zuwenden konnte und Porträts zeichnete. Es handelt sich offenbar nicht um eine bodenlose Abhängigkeit, sondern um ein begrenztes, erfüllbares Bedürfnis. Als Angel mit acht Jahren in ein Kinderheim überwiesen wurde, wo ich weiter mit ihm arbeitete, verschwand sein Verlangen, von mir gezeichnet zu werden, gänzlich. Seine eigenen Figuren standen seitdem auf festen Füßen, wie auch er Fuß gefaßt hatte.

auf dünnen Beinen. Die dünnen Beine spiegelten Angels eigene Position in der Welt wider. Die Mutter hatte während seiner Abwesenheit die Familie verlassen und war unauffindbar. Vater und Geschwister besuchten Angel nur sehr selten. Er war es, der keinen festen Boden unter den Füßen hatte. (Abbildung rechts oben)

In der Kunsttherapie entwickelte Angel ein Ritual. Am Beginn jeder Stunde stellte er sich auf einem Schrank in Positur und verlangte, daß ich ihn abzeichne, und zwar sollte ich seinen Körper und sein Gesicht lebensgetreu zeichnen, Haare und Kleider aber auslassen. Angel vervollständigte dann meine Zeichnung zur heroischen Figur, zum Beispiel zum Herkules. (Abbildung rechts Mitte) War das Ritual erfüllt, dann war Angel bereit, für den Rest der Stunde selbständig zu arbeiten, etwa Porträts von Mitschülern oder Erwachsenen zu machen. So stellt die Abbildung rechts unten mich dar, wie ich ihn zeichne, während er als »Superman« Modell steht.

Auch mein Porträt, im Alter von siebeneinhalb Jahren gemalt (links oben), entstand, nachdem ich ihn gezeichnet hatte. Auf mei-

Die gehörnte Eule

Der 13jährige blinde Christopher modellierte sehr gerne Vögel und andere Tiere. Er hatte ein ausgezeichnetes taktiles Gedächtnis. Daher kannte er die Gestalt von Hunden, Katzen, Gänsen, Enten, Papageien und Kanarienvögeln recht gut. Wenn er nun ein wildes Tier modellieren wollte, das er nicht angreifen konnte, dann erklärte ich ihm, mit welchem Haustier dieses wilde Tier verwandt ist, beispielsweise daß ein Löwe eine Katze ist oder ein Wolf der Hundefamilie angehört. Ich machte ihm auch kleine Tonfiguren, um ihn über Einzelheiten, die man nicht gut beschreiben kann, zu informieren. Dabei war es für ihn naheliegend, sich meine Modelle anzueignen und weiter auszubauen. Christopher widerstand dieser Versuchung, indem er das Modell, nachdem er es abgetastet hatte, zerdrückte und dann den Ton weiter verwendete, wenn er seine eigenen großen Figuren modellierte.

Als Christopher beschloß, eine »große gehörnte Eule« zu modellieren, um die Skulptur seiner geliebten Lehrerin zu schenken,

die Eulen besonders gerne mochte, war er in Verlegenheit. Er hatte zwar andere Vögel abgetastet, aber niemals Gelegenheit gehabt, Eulen anzufassen. Ich modellierte daher eine kleine Eule, um ihm die Gestalt zu zeigen. Diesmal konnte es Christopher nicht übers Herz bringen, das Modell zu zerquetschen. Er fand einen Kompromiß. Er würde eine Muttereule machen und mein Modell würde ihr Junges sein. Er begann, den Körper der Muttereule zu modellieren und stellte das Junge zwischen ihre Beine. Daß das Junge vor der Mutter geboren war, amüsierte ihn außerordentlich.

Als Christopher aber daran ging, den Eulenkopf zu modellieren, erklärte er, er habe es sich anders überlegt. Die Eule sei männlich. Ich solle mich nicht kränken, aber das Junge müsse weg!

Er verwendete den Ton dazu, den Kopf seiner Eule mit zwei dicken Hörnern zu schmücken. Offenbar hatte er die Vorstellung, männliche Eulen hätten solche Hörner. (links) Das Eulenmännchen bekam auch große Augen. Es war das erste Mal, daß Christopher einer seiner Figuren Augen gab. Man könnte annehmen, daß Eulenaugen eine zwiespältige Bedeutung für Christopher hatten. Eulen sind bei Tag blind, sehen aber dafür nachts. Der Vogel konnte daher sowohl Christophers Blindheit als auch seinen Wunsch nach Sehvermögen symbolisieren. So eignete sich die nun durchaus männliche Eule sehr gut als Geschenk eines Dreizehnjährigen an eine geliebte Lehrerin. Die ihm angebotene Hilfe hatte Chistophers Abhängigkeit nicht vergrößert, sie hatte ihm vielmehr dazu verholfen, selbständiger zu werden und seiner Männlichkeit Ausdruck zu verleihen.

Ein Ruheplatz

Man muß darauf achten, daß die angebotene Hilfe dem Vorstellungsvermögen der Hilfesuchenden entspricht.

Frau Smith, eine schwarze Frau, Mutter von drei erwachsenen Kindern, wurde wegen schwerer Depressionen in einem Tagesspital betreut. Die Patienten wurden tagsüber versorgt und psychotherapeutisch behandelt und gingen abends nach Hause. Trotz ihrer Depressionen hielt Frau Smith auf ihr Äußeres. Sie war gepflegt und immer sauber angezogen. In der Kunsttherapie beschränkte sich ihre Produktion auf das Zeichnen von blauäugigen, blonden Frauen.

Es war ein großer Fortschritt, als Frau Smith beschloß zu zeichnen, wie sie mit ihren drei Kindern am Strand saß. Es war eine Wunschphantasie, denn die Kinder waren fortgezogen und es bestand wenig Aussicht, daß so ein beglückendes Zusammensein sich verwirklichen würde. Daß die einsame, deprimierte Frau imstande war, sich so etwas auch nur vorzustellen, war trotzdem ein gutes Zeichen.

Als das Bild sich der Vollendung näherte, beklagte Frau Smith, daß es ihr nicht gelänge, ihren Körper auf dem Gras ruhend zu zeichnen. Sie schwebte in der Luft.

Logischerweise hätte man den Körper zur Ruhe bringen können, indem man den Horizont des Bildes etwas hinaus verschoben und dann mehr Gras unter den Körper der ruhenden Person gezeichnet hätte. So ein bildnerisches Vorgehen hätte aber Frau Smiths Vorstellungsvermögen überfordert. Sie hätte die Strategie nicht begriffen. Die Kunsttherapeutin Vera Zilzer ging daher anders vor. Sie zeichnete eine kleine Bank unter den schwebenden Körper. Frau Smith war damit zufrieden und konnte das Bild zu Ende bringen. (links unten) Sie war sogar bereit, sich und ihren Kindern eine dunkle Hautfarbe zu geben. Die Kunsttherapeutin vermied es wohlweislich, Frau Smith auf den schwebenden Zustand der drei Kinder aufmerksam zu machen. Denn die Kinder waren ja leider Phantasiegestalten, die der Mutter eben nur vorschwebten. Auch über die schwarze Katze und den unheimlichen Vogel über Frau Smiths Kopf wurde nicht gesprochen. Angeboten wurde ihr nur der Ruhepunkt, den sie selbst suchte.

Der Phönix

Adam, ein junger Mann, der an chronischer Schizophrenie litt, besuchte das gleiche Tagesspital wie Frau Smith und nahm auch an dem Kunsttherapie-Programm teil. Eines Tages zeichnete er einen großen goldbraunen Vogel, der sich gegen einen blauen Hintergrund abhob. Es sollte einen fliegenden Phönix darstellen. Aber der Flug war gehemmt, denn die Flügel des Vogels berührten den Bildrand, und der Schwanz war gänzlich abgeschnitten. (rechts oben) Vera Zilzer betrachtete das Bild und sagte dann: »Wir wollen es einrahmen.« Sie drehte Adam den Rücken zu und befestigte das Bild mit Heftklammern auf einem größeren weißen Papier. Dann zeichnete sie an den weißen Rand mit sehr dünnen, schwachen Bleistiftlinien einen Vogelschwanz in Adams Stil. Es war ein wortloser Vorschlag, den Adam annehmen oder ablehnen konnte.
Er hätte Zilzers Zeichnung leicht übersehen oder ausradieren können. Als Zilzer nach einiger Zeit wieder an Adams Platz vorbei kam, zeigte er ihr das fertige Bild. (rechts unten) Adam hatte Zilzers skizzierten Schwanz braun bemalt und den ganzen weißen Rahmen des Bildes himmelblau gefärbt, so daß der Rahmen mit seiner Zeichnung verschmolzen war und der Phönix Platz zum Fliegen hatte.
Es war kein Wort über die Zeichnung gefallen. Adam hätte auch eine vorsichtige Kritik nicht ertragen können. Es war ihm durch Zilzers wortlose Intervention möglich geworden, ein überzeugendes Bild von Wiedergeburt und Befreiung zu schaffen. Landen wird dieser Phönix wohl kaum können, hat er doch weder Beine noch Krallen. Adam verbleibt in einer schwebenden schizophrenen Welt, sie ist aber reicher und befriedigender geworden.

Der Baseball

Mein nächstes Beispiel betrifft einen jungen Mann, der mit Down Syndrom geboren worden war und in einem Heim für geistig Behinderte betreut wurde. John verstand zwar viele Worte, konnte aber selbst nicht sprechen. Er liebte es, Papier mit einem dichten Liniengewebe zu bedecken. Er benützte dazu schwarze Filzstifte, die er immer bei sich trug. Das Papier wurde jedesmal ganz und gar mit Linien bedeckt, er ließ keine leeren Flächen. Alle so ausgefüllten Blätter wurden sorgfältig von ihm in seiner Mappe verstaut. Als seine Kunsttherapeutin einmal versuchte, eines seiner Blätter mit einem weißen Papierhintergrund gerahmt auszustellen, nahm John das Blatt sofort von der Wand. Dann füllte er die weiße Rahmenfläche mit einem Netzwerk seiner Linien und steckte das so veränderte Blatt in seine Mappe. (nächste Seite oben) Seine Zeichnungen waren seit Jahren unverändert geblieben. John interessierte sich für Baseball, sammelte Bilder von Baseball-Spielern und trug immer eine große Sammlung von Baseball-Karten in seiner Brusttasche.
Eines Tages fiel David Henley, einem im Heim arbeitenden Kunsttherapeuten, ein, John ein großes, rundgeschnittenes Stück kostbaren Zeichenpapiers anzubieten. Das Blatt hatte einen Durchmesser von 20 cm. John, der dieses Qualitätspapier liebte und würdigte, nahm das Geschenk an und steckte das Blatt in seine Mappe. Eine Woche später, während einer Zeichenstunde mit seiner Kunsttherapeutin, nahm er das runde Papier aus seiner Mappe, holte sich einen

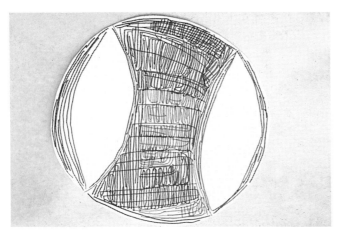

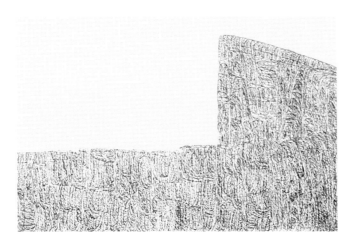

stil. Er malte zwar nie wieder einen erkennbaren Gegenstand, aber er entwarf abstrakte Gestalten von bemerkenswerter graphischer Qualität, zum Beispiel die Abbildung unten. John konnte nicht sprechen. Wir werden nie erfahren, was ihn dazu veranlaßte, etwas ganz Neues zu versuchen. David Henley konnte sich auch nicht erklären, was ihn dazu veranlaßt hatte, John ein rund geschnittenes Papier anzubieten. Die Zeichnung scheint eine doppelte Bedeutung zu enthalten. Sie stellt einerseits mit ihrem Stundenglasmuster unverkennbar einen überlebensgroßen Baseball dar. Der Ball ist aber geschmückt mit roter Farbe und blauer Umrandung, so daß das ganze Blatt an eine Frauenbrust erinnert. Hat das Zusammenspiel eines Kunsttherapeuten mit einer Kunsttherapeutin zu Johns Fortschritt beigetragen? War die Vereinigung eines männlichen und eines weiblichen Symbols wichtig? Wir können dies vermuten, aber wir werden es nie wissen. Eindrucksvoll bleibt, daß ein Bedürfnis nach künstlerischer Betätigung und die Möglichkeit künstlerischer Gestaltung selbst mit sehr geringer intellektueller Fähigkeit vereinbar ist.

Gestörtes Einfühlungsvermögen

Das Einfühlungsvermögen ist mannigfaltigen Gefahren ausgesetzt. Besonders können Narzißmus und kulturelle Vorurteile in den Gegenübertragungen die therapeutische Einsicht trüben.

Unterstützung oder Kritik

blauen und einen roten Filzstift und verfertigte eine Gestalt, die offenbar einen rot und blau geschmückten Baseball darstellte. (Mitte) John hatte, soweit die Angestellten sich erinnern konnten, niemals etwas Ähnliches gezeichnet. Er hatte auch nie vorher zwei verschiedene Farben verwendet. Von diesem Tag an änderte sich Johns Zeichen-

Marvin, ein Afroamerikaner, war Maler und hatte seine Ausbildung zum Kunsttherapeuten als reifer Mann angetreten.
Im Rahmen seiner klinischen Ausbildung wurde ihm die Betreuung eines jungen Schwarzen zugewiesen. Joseph war ein fragiler, isolierter junger Mann. Er war zeichnerisch begabt. Seine Porträtskizzen wurden

heit in seine eigene künstlerische Arbeit, sein künstlerischer Narzißmus, ihn daran, den ihm fremden zeichnerischen Stil zu erkennen und zu würdigen.

Marvins Mißerfolg wurde mit ihm besprochen. Im Lauf seiner Ausbildung lernte er, seine eigenen künstlerischen Ziele von seiner therapeutischen Tätigkeit zu trennen. Er entwickelte sich zu einem ausgezeichneten Kunsttherapeuten.

Gegenübertragung

Die Neigung zur Gegenübertragung ist auch beim erfahrenen Therapeuten latent vorhanden. Wenn ein Einbruch von Gegenübertragung rechtzeitig erkannt wird, kann die neutrale therapeutische Beziehung meistens bald wiederhergestellt werden, so daß kein dauerhafter Schaden entsteht.

Als ich in einem Heim für milieugeschädigte Kinder und Jugendliche arbeitete, wurde der 15jährige Matthew aufgenommen. Ich kannte Matthew von meiner früheren Stellung als Kunsttherapeutin in einem Heim für psychisch gestörte acht- bis 13jährige Buben. Wir freuten uns beide auf eine neue gemeinsame Arbeit. Matthew war als Neunjähriger in das Heim für Buben gekommen. Anfangs war seine künstlerische Produktion geteilt. Er zeichnete sehr gut und liebte es besonders, verschiedene Arten von Fischen darzustellen. Wenn er aber versuchte, mit Plakatfarben zu malen, verwandelte sich jedes Blatt bald in eine undefinierbare graubraune Masse, die er dann angewidert wegwarf. Sein Umgang mit Farben spiegelte sein psychisch bedingtes Einkoten wider. Mit der Zeit lernte Matthew, seine Darmtätigkeit zu beherrschen. In der Malerei überwand er sein zwanghaftes Schmieren durch ein bedeutsames Erlebnis. Matthew hatte ein großes Blatt mit vielen Farben bedeckt. Blaue und grüne Töne dominierten. Das Ganze war interessant und farbenreich. Es war aber vorauszuahnen, daß Matthew seine Komposition bald zu der gewohnten analen Masse reduzieren würde. Ich unter-

bewundert und erlaubten ihm, Beziehungen anzuknüpfen, aber dabei Distanz zu wahren. Die Einzelheiten seiner Zeichnungen waren linear, subtil und gekonnt. Es war ihm aber unmöglich, räumliche Zusammenhänge darzustellen. (oben) Marvin wollte ihm helfen, seinen Zeichnungen mehr Substanz zu geben. Er wollte auch Josephs Selbstgefühle stützen. Als Joseph sich bemühte, einen Kopf zu zeichnen, bot Marvin ihm ein Beispiel an, das er eigens dazu verfertigt hatte. (rechts oben) Die Zeichnung war in Marvins Stil gehalten und Josephs sensitiven linearen Zeichnungen völlig unähnlich. Marvin war erstaunt und gekränkt, als Joseph daraufhin nicht mehr mit ihm arbeiten wollte. Marvin hatte nicht erkannt, daß der Patient sein Beispiel als Kritik empfinden mußte, da der Therapeut ja Josephs sehr persönlichen Stil einfach ignoriert hatte.

Marvins mangelndes Einfühlungsvermögen war anscheinend doppelt getrübt. Als stolzer Schwarzer war es ihm wichtig, das Selbstbewußtsein eines Afroamerikaners zu stärken. Daher unterstrich Marvin in seiner Zeichnung die negroiden Lippen.

Gleichzeitig hinderte Marvins Versponnen-

brach Matthews Malerei und schlug vor, daß wir uns seine Komposition gemeinsam ansehen wollten. Vielleicht würden wir herausfinden, was aus dem Bild werden könnte. Matthew erklärte, es wäre ein Meeresgrund. Es gelang uns beiden dann, im Meer einige Fische zu entdecken. Daraufhin machte sich Matthew daran, die verschwommenen Gestalten zu verdeutlichen. (oben)

Nach diesem Sieg über die Tendenz zu schmieren war es Matthew möglich, mit Farben umzugehen. Er wurde zu einem eifrigen und erfolgreichen Maler. Ich hatte Matthew zuletzt gesehen, als er zwölfeinhalb Jahre alt war.

Der nun 15jährige Matthew erzählte mir, daß er mit meinem Nachfolger weitergemalt habe. Er hätte in letzter Zeit abstrakt gemalt, vom neuen Kunsttherapeuten dazu ermutigt. Matthew malte dann eine Reihe farbenreicher Abstraktionen. (links Mitte) Ich war enttäuscht über diese Entwicklung und versuchte Matthew zu ermutigen, mehr gegenständlich zu arbeiten. Er war über meine Ablehnung gekränkt und zog sich zurück.

Ich fragte mich, was mir denn eingefallen war, mich so voreingenommen und uneinsichtig zu verhalten. Matthews Abstraktionen waren keineswegs eine Regression zu seinem einstmaligen Schmieren. Es waren vielmehr sehr subtile, geheimnisvolle Kompositionen. Ich suchte Matthew auf, entschuldigte mich bei ihm für mein mangelndes Verständnis und lud ihn ein, weitere ab-

strakte Bilder bei mir zu malen. Er kam auch wieder und es entstanden Kompositionen, die er als »Stimmungsbilder« verstand. (links unten)

Offenbar hatten meine persönlichen Konflikte meine Einsicht getrübt. Ich war gegenständliche Malerin und damit unmodern. Abstrakte Malerei war erfolgreich. Mein Nachfolger in der Kunsttherapie war ein moderner Maler. Offenbar war ich eifersüchtig auf seinen Erfolg und auf seinen Einfluß auf meinen früheren Schüler. Meine therapeutische Blindheit beruhte auf Gegenübertragung. Ich hatte eine Anzahl von Matthews alten Bildern aufgehoben. Unter ihnen fand ich das Bild einer wohlverteidigten grauen Burg. Hinter der Mauer konnte man zwei seltsame farbige Gebilde wahrnehmen. (rechts oben) Matthew hatte seinerzeit erklärt, das wären »Kirchenfenster«. Das Bild drückt den Zustand der Vorpubertät prägnant aus: Die Abwehrmechanismen der Latenz sind noch wirksam, aber die Stürme der Pubertät sind schon im Anzug. Mit 15 mußte Matthew sich mit den Stimmungsschwankungen und Konflikten der Pubertät auseinandersetzen. Dazu eignete sich die abstrakte Malerei besser.

In meiner Ablehnung des Abstrakten war wohl auch der Wunsch enthalten, weiter mit einem Buben in der Vorpubertät zu arbeiten und Matthews aktuellen Entwicklungszustand rückgängig zu machen. Ich hatte mehr Erfahrung mit Kindern als mit Jugendlichen und mußte in meiner neuen Stellung erst lernen, mit ihnen zu arbeiten.

Übertragung

In der Kunsttherapie steht das bildnerische Gestalten im Mittelpunkt. Anders als in der Psychotherapie ist Übertragung nicht die hauptsächliche »Hebelkraft« der Behandlung. Die Macht und Allgegenwart des Phänomens aber muß verstanden und einbezogen werden. Wenn die Kunsttherapie ganz von der Übertragungsbeziehung beherrscht ist, dann kann sich der produktive Prozeß nicht voll entfalten. Wenn aber die Beziehung allzu seicht und unpersönlich bleibt und Übertragung ganz ausgespart ist, dann ist das ebenfalls kein gutes Zeichen. Im Schutz eines solchen Arbeitsbündnisses kann Übertragung auch in der Kunsttherapie therapeutisch wirksam werden.

Ich will eine Gruppe von Kindern beschreiben, bei denen das erste Auftreten von Übertragungsphänomenen einen therapeutischen Fortschritt bedeutete.

Vier Inseln

Ich nenne versponnene, isolierte Kinder »Inseln«, die sich nicht in ein soziales Netzwerk einordnen können. Man arbeitet mit solchen Individuen am besten, wenn man mehrere »Inseln« zusammentut. Die Kinder können dann nach eigenem Willen miteinander in Beziehung treten oder einander ignorieren.

Die Inselgruppe, von der meine Geschichte handelt, bestand aus vier Kindern: Jane, elf Jahre alt, ist ein Kind, das sich nicht in persönliche Beziehungen einläßt. Sie hatte zuviel darunter gelitten, von früher Kindheit an zwischen ihren geschiedenen Eltern hin und her gerissen zu werden. Sie arbeitet gern und gut mit Farbe und Ton und ist bei den jüngeren Kindern beliebt. Sie kommandiert sie zwar herum, verteidigt sie aber vor Übergriffen älterer Kinder.

Gregory, elfjährig, lebt in einer Welt von Phantasien, Ritualen und Vermeidungen.

In der Kunsttherapie formt er hauptsächlich kleine Tonfiguren, Kinder des Herrn A, mit denen er auch auf der Toilette Gespräche führt. Wenn man ihn in seinen Ritualen stört, steht er steif und unbeweglich und schreit aus vollem Halse. Er kann sich nicht verteidigen, hat es aber gelernt, sich diplomatisch zu verhalten. Er kommt so gut mit Jane aus, die ihm gerne Befehle gibt, aber auch beschützt.

Die zwölfjährige Paula kommt aus einer chaotischen, gewalttätigen Familie. Sie ist groß, schwer und sehr kurzsichtig. Sie verfällt zeitweise in fast katatonisch anmutende Dämmerzustände. Oft erzählt sie Schauergeschichten von Morden, Vergewaltigungen und Amputationen, alles mit monotoner Stimme, ganz ohne Affekt. Von Zeit zu Zeit gibt es scheinbar grundlose schwere Wutausbrüche. Wenn sie mit Farben arbeitet, bedeckt sie das Papier häufig mit schwarzer oder violetter Farbe oder sie schreibt ihren Namen in großen Buchstaben mit diesen Farben. In besseren Augenblicken werden ihre Farben heller, sie malt in rosa, blau oder lila Vierecke oder sie produziert Aschenbecher oder Schalen aus Ton.

Hal ist neun Jahre alt. Er scheint auf den ersten Eindruck ein aufgeweckter, etwas redseliger Knabe zu sein, dem es darum geht, die Aufmerksamkeit der Erwachsenen auf sich zu ziehen. Bei näherer Bekanntschaft entdeckt man einen äußerst verwirrten, ungeformten kleinen Jungen, der sich verzweifelt an jeden Erwachsenen, den er trifft, klammert und das Bedürfnis hat, mit ihm zu verschmelzen.

Hal kommt zwar immer zu seiner Stunde, hat aber anfangs sehr wenig produziert, denn er ist noch damit beschäftigt, alle anderen zu beobachten und zu kontrollieren. Dabei verschmilzt er mit meiner Person, wünscht nichts sehnlicher als meine Schlüssel halten zu dürfen. Wenn er sie geliehen bekommt, sperrt er pausenlos Schränke auf und zu.

An dem Tag, den ich beschreiben will, er-

zählt mir Hal, daß heute sein letzter Tag auf der Station wäre. Morgen würde er in ein anderes Spital eingewiesen werden. Das war auch richtig. Wir beide haben schon eine kleine Kiste mit seinen Tonarbeiten für die Übersiedlung bereitgestellt. Hal ist begreiflicherweise besonders unruhig und ängstlich. Anfangs bewältigt er seine Angst, indem er sich Paulas bemächtigt und ihr zeigt, wie man aus Ton Schalen macht. Aber das hält nicht lange an. Dann macht Hal eine lange Wurst aus Ton und erklärt, es wäre eine giftige Schlange, die er umbringen müsse. Beide Kinder produzieren eine Zeitlang »Schlangen« und bringen sie um. Paula wird dessen bald müde. Sie formt ein kleines Mädchen aus Ton. Die Figur hat einen Kopf, Oberkörper, zwei Arme. Auf meine Frage: »Bekommt das Mädchen auch Beine?« antwortet sie ganz ruhig: »Nein, ein Auto hat sie überfahren, es war so schlimm, daß man die Beine hat abschneiden müssen.«

Hal hat inzwischen erklärt, daß ich eine Kobra wäre. Er trommelt auf den Tisch und schreit, daß er mich umbringen muß. Mein Versuch einer Deutung, daß er so böse sei, weil ich nicht mit ihm ins neue Heim kommen würde, und daß es ihm lieber wäre, ich wäre ganz tot, bleibt erfolglos. Hal macht eine neue Schlange aus Ton und spielt, daß die Schlange ihn beißt. Dann erklärt er, der Biß wäre giftig und er müsse jetzt das Gift aussaugen und ausspucken. Er spuckt auch wirklich. Es schaut so aus, als würde er mich bald anspucken. Ich bin nah daran, ihn aus dem Zimmer zu entfernen.

Jane, von Hals Geschrei irritiert, droht, daß sie ihn verprügeln werde, wenn er nicht aufhöre. Das veranlaßt Hal dazu, Janes Bild zu betrachten. Jane hatte nämlich ein großes Stück Packpapier an der Wand befestigt. Dann hatte sie sich Gregorys bemächtigt, ihn gegen die Wand gedrückt, seine Umrisse mit Kohle nachgezeichnet und sehr systematisch sein Porträt gemalt. Sie hatte Gregorys steife Haltung sehr gut herausgebracht und auch seinen ängstlich lächelnden Gesichtsausdruck gut getroffen. (oben links)

Daraufhin erklärt Hal, er werde mein Porträt malen. Sein Benehmen ist ganz verändert. Er handelt zielbewußt und logisch. Da-

mit er mich von Kopf bis Fuß malen kann, mißt er ein langes Stück Packpapier ab, stellt sich auf einen Sessel und befestigt es dergestalt, daß er mich zeichnen kann, wenn ich auf einem niedrigen Sessel stehe. Er nimmt mich bei der Hand, führt mich zur Wand, verlangt, daß ich auf den Sessel steige, hält mich gegen die Wand, zeichnet meine Umrisse, nimmt es besonders genau mit meinen Händen und Fingern. Dann zeichnet er mein Gesicht, Haare, Malkittel und Schuhe. Mit meiner Hilfe mischt er eine entsprechende Hautfarbe und geht daran, sein Bild zu malen. Es gelingt ihm, das Bild ohne Katastrophe zu Ende zu bringen. (linke Seite, rechts)

Jane hat Hal zugesehen und will mich nun auch malen. Sie befestigt schnell ein geeignetes Packpapier, schiebt mich gegen die Wand, zeichnet meine Umrisse und singt dabei mit lauter Stimme: »Ich bin dein Vater, deine Mutter, deine Schwester und dein Bruder.« Sie malt dann ein sehr großes Porträt. (oben links)

Jetzt verlangt auch Paula, daß Jane ihre Umrisse zeichnen solle. Sie will das Porträt selbst fertigmalen. Sie malt ihre weiße Bluse, läßt aber auch die Hände weiß werden. Als Jane sie darauf aufmerksam macht, malt sie die Hände grau und auch das Gesicht in grauer Farbe. Sie zeichnet Augen, Nase, Mund, Brille mit schwarzer Farbe und malt einen dunkelblauen Rock. Dann aber schmiert sie blaue Farbe auf die weiße Bluse, verunstaltet das Bild jedoch nicht ganz. (oben rechts) Für Paula ist das schon ein kleiner Sieg, denn gewöhnlich zerstört sie jede Selbstdarstellung sehr gründlich.

Gregory blieb von den Ereignissen unberührt. Er war vielleicht dankbar, daß Jane ihn nur kurz benützt, ihn aber dann nicht weiter herumkommandiert hatte. Er blieb in seine Phantasien versponnen.

Für Hal und Jane war die Stunde bedeutsam. Beide erlebten, daß schöpferisches Gestalten es ermöglicht, mit einer Autoritätsperson in Beziehung zu treten, ohne die eigene Identität zu gefährden. Hal verschmilzt nicht mit mir, wenn er mein Bild malt. Da er mich nicht einverleibt, muß er mich auch nicht ausspucken. Übertragung ermöglicht es ihm, sich mit mir zu identifizieren und von mir zu lernen. Aggressive Besitzergreifung beschränkt sich darauf, mich für kurze Zeit an die Wand zu drücken. Er kann mich aber dann loslassen und selbständig weiterarbeiten.

Auch bei Jane kommt es zu einer kurzen aggressiven Besitzergreifung. Sie ist reifer als Hal und wäre an sich beziehungsfähig. Sie vermeidet aber Beziehungen, weil sie damit schmerzliche Erfahrungen verbindet. Im schöpferischen Akt kann sie eine Beziehung schaffen, die sie selbst steuert. Sie macht sich zum Vater, zur Mutter ihres Bildes und mich zum Familienmitglied, da sie mir ja auch Schwester und Bruder ist. Daher kann sie mich als eine Person behandeln, ohne daß sie damit in unlösbare Konflikte gestürzt wird. Janes Beziehung zu mir wird von dieser Zeit an mehr vertrauensvoll und persönlich.

Wir sehen, daß bei diesen beiden Kindern Übertragung und Arbeitsbündnis einander ergänzen. Gerade durch das Auftauchen von Übertragungserscheinungen gelingt es den Kindern, ein produktives Arbeitsbündnis zu schaffen.

Zusammenfassung

Zusammenfassend möchte ich sagen, daß es in der Kunsttherapie darauf ankommt, schöpferische Formgebung mit psychoanalytisch fundiertem Verständnis für psychische Prozesse zu verbinden.

Die Art und Weise, in der schöpferische Arbeit in der Kunsttherapie unterstützt wird, bringt es mit sich, daß viel tiefes, emotionell geladenes Material zum Ausdruck gelangt. Kunsttherapeuten müssen imstande sein, solches Material zu erkennen und darauf einzugehen, auch wenn Deutungen vermieden werden. Vor allem muß man die Gesetze der schöpferischen Gestaltung respektieren. Übereiltes Fragen oder Deuten kann den Prozeß stören oder unterbinden. Damit wird die Befriedigung, die gelungene Formgebung bringt, verringert oder zerstört. Wenn das eintritt, wird auch das Vertrauen in die heilende Kraft der Kunsttherapie untergraben.

Da der Ausdruck von emotionell geladenem Material im Mittelpunkt der Behandlung steht, kann man in der Kunsttherapie keinen systematischen Unterricht der Technik des Zeichnens, Malens, Modellierens planen. Individuen lernen, im Prozeß der Formgebung mit Material umzugehen. Kunsttherapeuten müssen auch hier unterstützend zur Hand sein. Die eigene Liebe zum Material, die eigene Erfahrung und Vorstellungskraft, in den Dienst des Patienten gestellt, sind dabei ausschlaggebend.

Zwei Fallgeschichten aus der Praxis von Edith Kramer

Frank

Frank war der Sohn einer intakten afro-amerikanischen Familie. Als Frank sieben und sein Bruder fünf Jahre alt waren, verließ die Mutter nach jahrelangen ehelichen Schwierigkeiten ihren Mann und verschwand. Der Vater, unfähig, allein für die Kinder zu sorgen, brachte beide in einem katholischen Kinderheim unter. Der Fünfjährige entwickelte sich dort befriedigend. Frank war nach zwei Jahren Aufenthalt psychisch schwer gestört und wurde darum 1953 in die »Wiltwyck School for Boys« überwiesen.

In der Kunsttherapie wurde Frank bald einer der begabtesten und eifrigsten Maler. Das Bild unten ist ein gutes Beispiel seines anfänglichen Stils. Er malte monumentale Figuren. Die Zeichnung war kräftig und schematisch, die Flächen, die Farben großflächig, starke Gegensätze, besonders rot-grün, überwogen. Nach einem halben Jahr wurde der Zehnjährige mit seinen Bildern unzufrieden. Er fand seine Figuren zu steif, die Gesichter zu starr, die Farben zu gleichmäßig. Er wollte bewegte Linien verwenden, seinen Gesichtern mehr individuelle Züge geben, seinen Farben mehr Schattierung verleihen.

Franks Wünsche waren berechtigt. Zwischen zehn und zwölf Jahren erweitert sich der geistige und gefühlsmäßige Horizont des Kindes. Das visuell begabte Kind entdeckt, daß man Tiefenwirkungen erzielen kann und lernt, Dinge und Menschen mit individueller Differenzierung darzustellen.

Perioden stilistischer Änderungen sind immer schwierig. Für Frank waren sie katastrophal. Er war durchwegs verzweifelt. Wenn es ihm gelang, ausdrucksvollere Gesichter und mehr schattierte Farben zu erreichen, dann fand er die Gesichter verzerrt, die Farben schmutzig.

Wenn er aber zu seinem alten Stil zurückfand, dann war ihm das zu kindisch. Das Atelier wurde zum Schlachtfeld. Es gab nur mehr zerrissenes Papier. Frank ließ sich auch nicht helfen oder ermutigen.

Frank befand sich in seinem seelischen Leben in einem ähnlichen schwierigen Übergang. Franks Vater hatte den Sohn ein einziges Mal in der Wiltwyck School besucht und damals grandiose Versprechungen gemacht. Er würde für beide Brüder sehr bald ein neues Zuhause aufbauen und Frank aus der

Schule befreien. Er kam aber nicht wieder. Frank sah und hörte eineinhalb Jahre nichts von seinem Vater.

Anfangs war Frank ganz mit dem Vater identifiziert. Er glaubte fest an seine Versprechungen und hielt die Mutter für durchaus verwerflich.

Die Mutter aber hatte nach der Trennung von ihrem Mann eine gute Arbeit gefunden, besuchte ihren Sohn regelmäßig und versuchte geduldig, sich mit ihm zu versöhnen. Sie ließ nicht nach, auch wenn er sich weigerte, auch nur mit ihr zu sprechen. Die strenge Teilung in Gut und Böse konnte nicht aufrechterhalten werden. Frank mußte einsehen, daß sein Vater unzuverlässig, die Mutter nicht absolut lieblos war, daß beide Eltern gute und böse Eigenschaften hatten. Im Leben wie in der Kunst gab es Schattierungen. Franks Malerei wurde zum Symbol seiner inneren Kämpfe.

Das obere Bild links beispielsweise ist in einem Wutanfall entstanden. Frank wollte mir zeigen, daß er nicht malen könne. Das Bild stellt einen Indianer dar, dessen Federschmuck er in einem wilden Tanz von rot und blau gemalt hatte. Das kleine Gesicht in der Mitte ist ein ausgezeichnetes Selbstporträt.

Der Durchbruch gelang, als Frank sich einmal helfen ließ. Er hatte ein simples Bild einer grauen Rakete gegen einen blauen Hintergrund gemalt. Dann malte er eine gelborange glühende Sonne und führte ihre Strahlen auf die Rakete, die sich bald in ein gelb-orangefarbiges undifferenziertes Gebilde auflöste. Frank rief verzweifelt: Meine Rakete schmilzt in der Sonne! Draufhin rettete ich die Rakete, indem ich die Konturen mit starker weißer Farbe von den Sonnenstrahlen abgrenzte. Daraufhin nahm mir Frank den Pinsel aus der Hand und malte das Bild fertig, dergestalt, daß sich die Sonne jetzt in der Rakete spiegelte, sie aber nicht zum Schmelzen brachte. (Dieses Bild steht nicht zur Verfügung.) Nach diesem Sieg war Frank imstande, einen neuen reiferen Stil zu entwickeln.

Das Bild oben rechts, das kurz nach der Rakete entstand, zeigt einen mächtigen Mexikaner. Frank stellte ihn mit rot-grün schattiertem Gewand und einem nachdenklichen lebendigen Gesichtsausdruck dar, durchaus verschieden von seinen anderen starr schematischen Gesichtern.

Frank fühlte sich bald als erwachsener Künstler, ein Gefühl, dem er auch Ausdruck verlieh. Das Bild links unten zeigt ihn als werdenden Maler mit französischem Barett.

Die Konflikte in Franks Familie hatten sich ebenfalls gemildert. Der Vater kam ihn wieder besuchen. Vater und Mutter kamen überein, daß ein weiteres Zusammenleben für beide nicht möglich wäre. Sie beschlossen aber, gemeinsam für ihre Kinder zu sorgen. Sie fanden schließlich geeignete Pflegeeltern für die Buben. Frank konnte die Wiltwyck School mit Zuversicht verlassen. Er hatte eine neugewonnene Identität als »Maler« und trat komplett ausgestattet mit Malkasten, Portfolio und Skizzenbuch aus der Wiltwyck School aus.

Christopher

Christopher, ein schwarzes Kind, Frühgeburt, unehelich und von Geburt an schwer sehgeschädigt, wurde von Pflegeeltern aufgezogen. In den ersten Lebensjahren besaß er Sehreste, die es ihm ermöglichten, normale Beweglichkeit zu entwickeln.

Eine Anzahl von Augenoperationen waren erfolglos. Er war mit sechs Jahren bis auf hell-dunkel Wahrnehmungen völlig erblindet. Sein Leben in der rauhen Welt New Yorks machte ihn zu einem aktiv aggressiven Jungen, untypisch für einen Blinden. Christopher wurde als Zwölfjähriger in die Tagesschule »Jewish Guild for the Blind« aufgenommen. Es war ein letzter Versuch, ihn vor der Überweisung in eine Anstalt zu bewahren. Mit Geduld und persönlicher Zuwendung gelang es, Christopher weitgehend zu zähmen. Er zeigte sich beziehungsfähig und konnte dazu gebracht werden, Braille zu erlernen. Er entwickelte bald Talent und Enthusiasmus für das Modellieren mit Papiermaché und Ton. Anfangs herrschte Identifikation mit dem Angreifer vor. Christopher wollte wehrhafte wilde Tiere modellieren. Die Abbildung oben, »Wolf« aus Aluminiumdraht und Papiermaché, stellt ein gutes Beispiel für seine anfängliche Produktion dar. Als Christopher sich in der Schule sicherer fühlte, wurde die Beschäftigung mit Angriff und Verteidigung von friedlichem Interesse an den Vögeln, die er im Garten zwitschern hörte, abgelöst. Mit fünfzehn Jahren kam Christopher in eine städtische Schule, in der es Klassen für Sehbehinderte gab. In dieser Schule beschränkte sich das Modellieren auf Gießen kommerzieller Formen. Christopher wollte daran nicht teilnehmen, sondern begnügte sich damit, zu Hause Tiere aus Wachs zu formen. Als Christopher mit achtzehn Jahren ein Blindenführerhund anvertraut wurde, so daß er sich selbständig in der Stadt bewegen konnte, lud ich ihn ein, jeden zweiten Samstag in meinem Atelier zu modellieren. Es entstand ein menschlicher Kopf. Die Arbeitsstadien zei-

gen Christopher deutlich als einen »visuellen Blinden« im Sinn von Viktor Löwenfelds Benennung.

Die untere Abbildung zeigt einen 15 cm hohen Frühlingsbaum aus gebranntem Ton. Der Baum trug sechs Vogelpaare und sechs Nester, die mit Eiern oder Jungen gefüllt waren. Christopher schenkte die Skulptur seiner Lehrerin, deren Vorname »Robin« ein Vogelname war.

Als Christopher 14 Jahre alt war, entstand sein eigentliches Hauptwerk. Er fertigte einen großen blauen Reiher aus gebranntem Ton an, dessen Beine er aus Wasserrohren herstellte, und dessen Flügel er auf Eisenstäbe stützte. Die Abbildung links oben zeigt den 130 cm hohen »Großen blauen Reiher«. Christophers nächste Skulptur sollte ein Kopf werden. Aus den Abbildungen werden die verschiedenen Arbeitsschritte und Entwicklungen erkennbar. Im ersten Entwurf wirkt die Skizze noch eher naturalistisch. Aus dem Vergleich der beiden Abbildungen unten, links außen und links, geht Christophers künstlerische Entwicklung sehr deutlich hervor. Er schafft es schließlich, eine voll integrierte Skulptur von großer plastischer Ausdruckskraft herzustellen. Die Abbildung ganz rechts unten ist die letzte Fassung des »Kopfes« aus Gips, die 36 cm hoch war.

In der Ausarbeitung (Abbildungen links und rechts innen) geht der anfängliche Naturalismus verloren. Es entstehen stark akzentuierte Formen, die dem Sehenden übertrieben erscheinen, an denen sich Christopher aber orientiert.

Der Kopf in seiner endgültigen Fassung (ganz rechts) ist für das sehende Auge und für den Tastsinn gleichermaßen verständlich.

Die nächste Arbeit Christophers war ein weiblicher, stehender Akt, an dem er drei Jahre lang arbeitete. Die Arbeit entwickelte sich in verschiedenen Phasen. Die Veränderungen, die die Skulptur in den einzelnen Phasen durchmachte, reflektieren den künstlerischen und seelischen Reifungsprozeß des jungen Mannes. Ausgehend von den verschiedenen Stufen der Entstehung erreichte Christopher in der Figur »Eva« am Ende der Arbeit volle plastische Integration. Als 20jähriger schaffte Christopher es, sich selbständig zu machen, und er zog mit einem gleichaltrigen, sehenden Freund in eine gemeinsame Wohnung. Die Skulptur »Eva« wurde in der neuen Wohnung aufgestellt, später aber in einem Wutanfall zerstört.

Christopher war mit 19 Jahren der Pfingstbewegung beigetreten. Die Religion erfüllte sein Leben und gab ihm Halt. In einer kurzen unglücklichen Ehe mit einer Frau, die schon zwei Kinder hatte, wurde Christopher eine Tochter geboren. Die Frau verließ ihn kurz darauf. Christopher unterhält zu Frau und Kind keinen Kontakt.

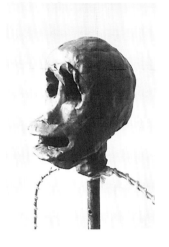

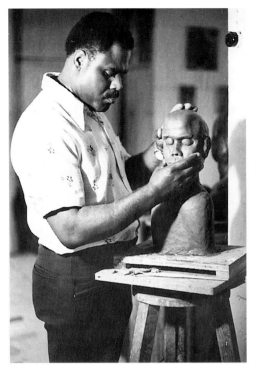

Im Alter von 28 Jahren modellierte Christopher eine Büste, von der er erklärte, daß sie ihn als Siebenjährigen darstellte (Abbildungen oben). In diesem Alter war sein Sehvermögen gänzlich erloschen. Christopher vernichtete die 45 cm hohe Skulptur aus Gips allerdings in einem selbstzerstörerischen Wutanfall. Sein letztes großes Werk ist von seiner Religion geprägt. Die 128 cm große Skulptur der »Prophetin« (Abbildungen links) wurde zunächst aus Wachs geformt und schließlich in Bronze gegossen.

Christopher wurde zu einem fahrenden Prediger und reist mit seinem langjährigen Freund durch die Vereinigten Staaten. Er kann sich, seinen Freund und auch das Auto mit dieser Tätigkeit erhalten. Für künstlerische Gestaltung jedoch bleibt ihm wenig Raum und Zeit.

Nichts kann das Gefühl der Benachteiligung und der Minderwertigkeit, das Blindheit mit sich bringt, völlig aus der Welt schaffen. Christopher ist sich dessen bewußt.

Christophers Skulpturen verdanken ihre Einfachheit, Originalität und greifbare Kraft seiner Blindheit. Die Gläubigen, denen er predigt, sehen in seiner Blindheit eine Art Erleuchtung. So ist es ihm gelungen, aus seiner Blindheit kreative Kraft zu schöpfen und damit auch seinen Lebensunterhalt zu bestreiten.

Die Malerin Edith Kramer

Wahrnehmung braucht Zeit. Sie schließt Vergangenheit, Gegenwart und Zukunft ein. Der Vorgang kann nicht durch technische Hilfsmittel beschleunigt werden.
Die Kamera dokumentiert den Bruchteil einer Sekunde. Sie ersetzt nicht das Zusammenwirken von Wahrnehmungen, die nicht nur das Sehen betreffen, sondern die gesamte Erlebnisfähigkeit eines fühlenden und denkenden Menschen in Anspruch nehmen.
Ich arbeite darum vor dem Motiv oder mache Skizzen und nehme die Kamera nicht zu Hilfe.
(Edith Kramer 1997)

Edith Kramer stellt häufig Motive dar, die sie direkt vor Augen hat. Das können Szenen aus dem Alltag, der Arbeitswelt, Personen, aber auch Landschaften oder Stadtteile sein:
Brooklyn New York, 1989 (Öl auf Leinwand).

Oben links:
Männer sortieren Zwiebeln, 1988 (Öl auf Leinwand).
Daneben:
Zwei Maschinen, 1989 (Öl auf Leinwand).
Unten:
Subway Repair Station, New York 1995 (Öl auf Leinwand).

Oben links:
Sheet Metal Factory, 1989.
Daneben und unten:
Subway Repair Station,
New York 1995 und 1996
(Öl auf Leinwand).

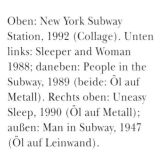

Oben: New York Subway Station, 1992 (Collage). Unten links: Sleeper and Woman 1988; daneben: People in the Subway, 1989 (beide: Öl auf Metall). Rechts oben: Uneasy Sleep, 1990 (Öl auf Metall); außen: Man in Subway, 1947 (Öl auf Leinwand).

Hier: 4th Street Subway Station, 1989 (Öl auf Leinwand).

Oben: Water Processing Plant, 1992.
Mitte: Onionfields with Crates, 1985.
Unten: Schwarze Erde, 1985
(alle: Öl auf Leinwand).

Oben: Car gone to Sand, 1992.
Unten links: Urban Renewal,
1966. Unten rechts: Black Oil
Tank and Marchgrass, 1990
(alle: Öl auf Leinwand).

Links oben: Almhütte im Eibl.
Links unten: Bemooste Buche, 1990.
Rechts oben: Lärchen im Gebirge, 1979.
Rechts unten: Wild Sunflowers, 1991.

Oben links: Still life with Papertowel, 1983.
Daneben: Strange Growth, 1989.
Unten links: Still life with Decorated Egg, 1991.
Unten rechts: Cabbage, 1991.

Porträts von Edith Kramer:
Links oben: Ernst Federn, 1984.
Links Mitte: Therese Giehse, 1969.
Links unten: Marianne Hoppe, 1988.
Rechts oben: Karin Machover, 1989.
Darunter: Elisabeth Viertel, 1994.

Links oben: Mother and Child at the Window, 1988.
Darunter: Two Generations, 1992.
Rechts oben: Serenade, 1982.
Rechts unten: Couple with Animals, 1984.

Edith Kramer

Lebenschronik

1916
29. August Edith Kramer wird als Kind von Richard (Bruder des Lyrikers Theodor Kramer) und Josefine Kramer (geb. Neumann, Schwester der Schauspielerin Elisabeth Neumann) in Wien geboren.

1921
Erster Zeichenunterricht bei Trude Hammerschlag.

1922 bis 1926
Volksschule in Wien und Berlin.

1926 bis 1929
Die ersten Klassen des Gymnasiums verbringt sie im fortschrittlichen Landschulheim Letzlingen.

1929 bis 1934
Besuch der Schwarzwald-Schule in Wien. Kunstunterricht bei Trude Hammerschlag und Friedl Dicker. Erste Sommeraufenthalte am Grundlsee. Matura am Schwarzwald-Realgymnasium im Juni 1934.

1934
Der berufliche Werdegang scheint entschieden, Edith Kramer will eine künstlerische Laufbahn einschlagen. Unterricht bei Friedl Dicker, die aus politischen Motiven emigrierte, in Prag und bei Fritz Wotruba in Wien. Edith Kramer pendelt zwischen den beiden Städten bis 1938.

1935
Beginn einer Psychoanalyse bei Annie Reich und Besuch der psychoanalytisch-pädagogischen Arbeitsgemeinschaft unter der Leitung von Steff Bornstein, einer Psychoanalytikerin mit Schwerpunkt Kinderanalyse.

1937
Freitod der Mutter Edith Kramers.

1938
Auf einem der letzten Schiffe emigriert Edith Kramer im September in die Vereinigten Staaten, nach New York.

1938 bis 1941
Wenige Wochen nach ihrer Ankunft findet sie bereits eine Anstellung als Handwerkslehrerin in der progressiven Reformschule in Greenwich Village, »Little Red School House«. Fortsetzung der Psychoanalyse bei der aus Wien emigrierten Analytikerin Annie Reich.

1943 bis 1945
Arbeit als Maschinistin in der Defense-Industrie für den »War Effort«. Nebenbei versucht die junge Künstlerin noch kreativ zu arbeiten.

1943
Erste Ausstellung ihrer Werke, vor allem von Skizzen und Zeichnungen, in der Public Library von New York.

1944
Die »Tribüne« organisiert eine weitere Ausstellung für Edith Kramer.

1948 bis 1949
Elisabeth Neumann kehrt mit Berthold Viertel nach Europa zurück und Edith Kramer begibt sich auf eine zweijährige Europa-

reise. Sie besucht vor allem England und Frankreich, nicht aber ihre Heimatstadt Wien. 1949 kehrt sie nach New York zurück.

1950 bis 1957
Edith Kramer nimmt ihre Psychoanalyse bei Annie Reich für weitere zwei Jahre wieder auf. Sie arbeitet an der Einrichtung und Leitung eines Kunsttherapieprogramms in der Wiltwyck School for Boys, einem Landeserziehungsheim der Stadt New York für psychisch gestörte Kinder aus den Slums.

1958
Das erste Buch über Kunsttherapie mit Kindern erscheint: »Art Therapy in a Children's Community«. Ihre Methode wird darin erstmals vorgestellt und der Öffentlichkeit präsentiert.

1959
Beginn ihrer Kurse über Kunsttherapie an der »Emigrationsuniversität« New School for Social Research, die sie bis 1973 abhält.

1960 bis 1963
Edith Kramer ist im Leake and Watts Children's Home, Yorkers N. Y. kunsttherapeutisch tätig.

1963 bis 1975
Erstellung eines Kunsttherapie-Programms für die Kinderstation des städtischen Jacobi Hospital in der Bronx, das als Lehrkrankenhaus an das Albert Einstein Medical College angeschlossen ist. Über 13 Jahre arbeitet Edith Kramer hier und sammelt wertvolle Erfahrungen. Zusätzlich engagiert sie sich für die kunsttherapeutische Arbeit mit blinden Kindern in der Jewish Guild for the Blind.

1969/70
Edith Kramer erhält das Stipendium der New Land Foundation, das von der in Wien ausgebildeten Psychoanalytikerin Muriel Gardiner gestiftet wird.

1971
Aus ihren klinischen Erfahrungen entsteht das Buch »Art as Therapy with Children«, es wird in sieben Sprachen übersetzt und gilt als grundlegender Baustein in der Ausbildung für Kunsttherapeuten (Deutsch: Kunst als Therapie mit Kindern [1]1978, [3]1991).

1971/72
Lehrtätigkeit an der Hahnemann University in Philadelphia.

1972
Edith Kramer beginnt ihren Unterricht an der George Washington University im Rahmen des Graduate Art Therapy Program, zunächst als Assistant Professional Lecturer, später als Adjunct Professional Lecturer.

1973
An der New York University unterrichtet sie als Adjunct Professor of Art Therapy.

1975
Gemeinsam mit Laurie Wilson entwickelt Edith Kramer das »Graduate Art Therapy Training Program«, an dem sie bis heute als Adjunct Professor of Art Therapy mitarbeitet. Sie unterrichtet auch an der George Washington University in Washington DC in einem ähnlichen Studiengang. Ihre Kurse sind »Psychodynamic Processes in Art Therapy«, »Art for Art Therapists« und »Art as Therapy with Children«.

1979
Erstauflage des dritten Buches »Childhood and Art Therapy«, das sich mit dem Verhältnis von Kunst und Spiel sowie mit Sublimierung auseinandersetzt.

1985
Ausstellung ihrer Arbeiten im Vasarely Center in New York.

1994
Ausstellung von Edith Kramers Werken im Transit Museum in New York.

1996
Feiern zu Edith Kramers 80. Geburtstag. In Österreich wird sie mit einer Ausstellung in der Österreichischen Nationalbibliothek und mit einem Symposium gewürdigt und bekommt im Rahmen des Weltkongresses für Psychotherapie das Silberne Ehrenkreuz der Stadt Wien verliehen. Außerdem stellt sie im September ihre Arbeiten in der Österreichischen Botschaft in Washington D. C. aus.

1997
Edith Kramer publizierte zahlreiche Artikel, vor allem im American Journal of Art Therapy. Außerdem unterrichtete sie an verschiedenen Institutionen, unter anderem wiederholt in Italien, Deutschland und 1995 in Australien. In den Sommermonaten lebt Edith Kramer in ihrem Haus am Grundlsee und auf ihrer Almhütte in den Bergen. Sie kehrt jedoch immer nach New York zurück, der Stadt, wo sie ihre künstlerische Freiheit ausleben kann, und ihre Form der Kunsttherapie entwickelt hat.

Autorinnen und Autoren

Dr. Karin Dannecker (Berlin): Studium der Kunsttherapie bei Edith Kramer an der New York University. Seit 1986 Gastdozentur zum Aufbau eines Diplomstudienganges an der Hochschule der Künste in Berlin. Klinische Erfahrungen als Kunsttherapeutin.

Prof. Ernst Federn (Wien): Psychoanalytiker, Historiker der Psychoanalyse, Mitherausgeber der »Protokolle der Wiener Psychoanalytischen Vereinigung 1906–1918«, Frankfurt a. M. 1976–1981.

Prof. Dr. Peter Heller (New York): Germanist, Historiker der Psychoanalyse, Mitherausgeber von »Eine Kinderanalyse bei Anna Freud«, Würzburg 1983.

Dr. Karl Stockreiter (Wien): Studium der Philosophie. Wissenschaftlicher Mitarbeiter am Institut für Wissenschaft und Kunst, Psychoanalytiker. Herausgeber von »Der Schöne Wahn. Beiträge zu Psychoanalyse und Kunst«, Wien 1997.

Dr. Charlotte Zwiauer (Wien): Studium der Soziologie und Philosophie, zur Zeit wissenschaftliche Mitarbeit bei der Erstellung von Selbststudienmaterialien. Konzeption und Gestaltung der Ausstellung »Zwischen den Welten. Edith Kramer: New York – Grundlsee« in der Österreichischen Nationalbibliothek im Juli 1997, sowie Organisation des Symposiums »Edith Kramer: Psychoanalytische Kunsttherapie, Geschichte – Theorie – Praxis«. Veröffentlichungen zur Geschichte der psychoanalytischen Pädagogik.

Bildnachweis

Archiv Hilde Angelini (Wien): S. 52 (r., Aufnahme Johannes Beckmann), 56 (u.)
Archiv Harald Eichelberger (Wien): S. 48 (u. l.)
Archiv Anneliese Itten (Zürich): S. 53
Archiv Edith Kramer (New York): S. 16, 17, 19, 21, 22, 23, 24 (o.), 25 (o.), 26, 27, 28, 29, 30, 31, 33, 34 (o. l., o. r., u. l.), 35, 36, 37, 38, 39, 40, 41, 42, 55, 56 (o.), 57, 58, 59, 60, 63 (u.), 64, 65, 66 (Mitte, u.) 67, 68, 69, 70(o.), 71, 72, 73, 74, 75, 76, 77, 78, 79, 80, 81, 82, 90, 113, 114, 115, 116, 117, 118, 119, 120, 121, 122, 123, 125, 126, 127, 128, 129, 130, 131, 132, 133, 134, 135, 136, 137, 138, 139, 140, 141
Archiv Georg Schrom (Wien): S. 50 (o. l., u. l., u. r.)
Leo Baeck Institute (London): S. 48 (o.)
Bildarchiv der Österreichischen Nationalbibliothek: S. 50 (r. o.)
William N. Copley (New York): S. 100
Karin Dannecker (Berlin): S. 105, 107, 108, 109
Erna Furman (Cleveland): S. 63 (o.)
Fotoarchiv des Verbandes der österreichischen Volkshochschulen (Wien): S. 24 (u.)
Sammlung Hachuel, Courtesy Galeria Theo (Madrid): S. 104 (u.)
Historisches Museum der Stadt Wien: S. 43 (o.), 45 (u.), 46 (o.)
Jüdisches Museum Prag (Zidovské Muzeum Praha): S. 62
Theodor-Kramer-Gesellschaft (Wien): S. 32
Theatermuseum München: S. 140 (Mitte l.)
Österreichische Nationalbibliothek (Wien): S. 34 (u. r.)
Österreichisches Theatermuseum (Wien): S. 70 (u.)
Universitätsbibliothek Wien: S. 48 (u. r.)
Wiener Stadt- und Landesarchiv: S. 25 (u.)
Barbara Zur (Tel Aviv): S. 52 (l.)

Die weiteren Abbildungen wurden folgenden Büchern entnommen: S. 47: Carl Bühler, Die geistige Entwicklung des Kindes, 1922, S. 152.– S. 45 (o.): Franz Cizek, Papier-, Schneide- und Klebearbeiten. Ihre technischen Grundlagen sowie ihre erzieherische Bedeutung, 1925, Tafel 11.– S. 66: Agnes de Lima, The Little Red School House, 1944, S. 11– S. 51: Viktor Löwenfeld und Ludwig Münz, Plastische Arbeiten Blinder, 1934, Abb. 25, 44, 51, 96.– S. 43 (u.), 44: Leopold W. Rochowanski, Der Formwille der Zeit in der angewandten Kunst. Mit 93 Abbildungen von Arbeiten der Wiener Kunstgewerbeschule, Abteilung des Regierungsrates Professor Franz Cizek, 1922, S. 67, 14, 15, 44.– S. 46 (Mitte, u.): Leopold W. Rochowanski, Die Wiener Jugendkunst. Franz Cizek und seine Pflegestätte, 1946, S. 61, 69.

Sollten ohne unsere Absicht Rechte verletzt worden sein, so ersuchen wir die Inhaber um entsprechende Mitteilung.

Personenregister

Aichhorn, August 71
Altmann, Siegfried 51
Arnheim, Rudolf 103

Bacon, Francis 99
Ball, Hugo 99
Barnowsky, Viktor 24
Bellmer, Hans 22 f.
Belting, Hans 98, 106
Benjamin, Walter 98
Berger, John 100 f.
Bergman, Annie 76
Bergner, Elisabeth 24
Bernard, Viola 76
Bernfeld, Siegfried 9, 12 f., 18 f., 21 ff., 24, 27, 32, 35, 37 ff., 39 ff., 47
Biermann, Gerd 12
Binder, Sybille 57
Bornstein, Bertl 38 f., 54, 76
Bornstein, Steff 38, 55
Brandeis, Pavel 61
Brausewetter, Gertraud 44
Bühler, Charlotte 9
Bühler, Karl 9, 47 f., 51
Burlingham, Dorothy 51
Buxbaum, Edith 38, 49
Cézanne, Paul 101
Cizek, Franz 9, 43 ff., 47, 50 ff., 61

Delacroix, Eugène 99, 102
Dicker, Friedl 9, 23, 40, 45, 50, 52 ff., 55 f., 58 ff., 63
Doesburg, Theo van 45

Eissler, Kurt R. 76
Ekstein, Rudolf 76

Federn, Ernst 10, 140
Feitelberg, Sergei 39, 41
Fenichel, Otto 9, 21, 35, 38, 40, 52, 55 f.
Fleischmann, Trude 27, 69
Frank, Karl 28, 38, 42
Frank, Michaela 42
Freud, Anna 35, 38, 49, 51, 95
Freud, Sigmund 38, 47 f., 51, 86 f., 100
Fuchs, Herbert 16
Furman, Erna 63

Gardiner, Muriel 74, 76
Gerö, Liselotte 55
Giehse, Therese 140
Goethe, Johann Wolfgang von 99

Gombrich, Ernst 90
Gropius, Walter 53

Hammerschlag, Gertrude 9, 45, 47 f.
Hammerschlag, Samuel 47 f.
Happel, Clara 38, 41
Hartmann, Heinz 47 f., 76, 95
Hartwig, Helmut 106
Heller, Hans 38, 54
Heller, Peter 10, 35, 38, 54
Henley, David 117 f.
Hoffer, Willy 38
Hoppe, Marianne 140

Itten, Johannes 9, 45, 52 ff., 56, 58, 61, 75

Jessner, Leopold 24
Jones, Ernest 95

Katan, Anny 38
Kautezky, Hermine 44
Kiesler, Friedrich 40
Klien, Erika Giovanna 44
Kothny, Hilde 56
Kounellis, Jannis 104
Kramer, Max 29
Kramer, Richard 21, 29 ff., 36, 41
Kramer, Theodor 10, 13, 21, 29, 32
Kramer-Doctor, Betty 29
Kramer-Neumann, Josefine (Pepa) 16 f., 21 f., 27, 34, 36, 39 ff., 54 f.
Kraus, Karl 86
Kris, Ernst 75 f., 92
Kronengold, Eduard 54

Lacan, Jacques 101
Lampl, Hans 38
Lampl-de-Groot, Jeanne 38
Lang, Marianne 62
Langer, Susanne 95, 103 f.
Leichter, Käthe 22
Loos, Adolf 25
Lorenzer, Alfred 96
Löwenfeld, Viktor 46, 51, 61
Lueger, Karl 16

Machover, Karin 140
Magritte, René 100, 104 f.
Mahler, Alma 53
Mänchen, Anna 54
Marinetti, Filippo 45
Masaryk, Mely 47

Mayer, Fredi 38 f., 55
Mayer, Ina 40
Mayer, Josi 38 ff.
Meitner-Graf, Lotte 70
Michaelis, Karin 66
Mondrian, Piet 104 f.
Montessori, Maria 47, 50

Naumburg, Margaret 71
Neumann, Felix 16 f., 33, 65
Neumann, Paul 16 f.
Neumann-Lichtblau, Anna 16 f., 65
Neumann-Viertel, Elisabeth 9, 12 f., 16, 18 f., 22 ff., 24 f.,
    27 f., 35, 37 f., 40 ff., 64, 66 f., 69 f., 82, 140

Olden-Fournier, Christine 34, 38 ff., 76
Otto, Berthold 47

Papanek, Ernst 12, 71
Piscator, Erwin 24
Plank, Emma 38
Prampolini, Enrico 45

Reich, Annie 9, 12, 23, 38, 55 f.,71, 76
Reich, Wilhelm 9, 35, 38
Reik, Theodor 91
Reinhardt, Max 24
Roubiczek (Peller), Lili 47, 49, 76

Sachs, Hanns 38, 40 f.
Sahliger, Stefanie 43
Schaxel (Hoffer), Hedwig 38
Schmidt, Siegfried 101
Schwarz, Hedy 38, 49, 54
Schwarzwald, Eugenie 21, 24, 35
Serkin, Rudolf 38, 66
Singer, Franz 50, 53 f.
Soyer, Moses 66
Soyfer, Jura 28
Spelitz, Ella 38
Stein, Eva 62

Twombly, Cy 102

Viertel, Berthold 18, 28, 42, 66, 69 f.
Viertel, Salka 69

Waldinger, Ernst 66
Wedewer, Rolf 104
Wertheimer, Grete 30 f.
Wilson, Laurie 75, 88
Winnicott, Donald W. 101
Wolff, Felix 17
Wolff-Neumann, Helene 17, 34, 64
Wotruba, Fritz 55
Wyneken, Gustav 47

Zilzer, Vera 116 f.
Zimmer, Hans Dieter 107, 110

Sabine Plakolm-Forsthuber
Künstlerinnen in Österreich 1897–1938
Malerei · Plastik · Architektur

Preisgekrönt als eines der »12 schönsten Bücher Österreichs 1994«

»Dieses Buch ist längst überfällig. Es dokumentiert – reich illustriert – die Wege und Werke malender Frauen im 19. und zu Beginn des 20. Jahrhunderts. Eine Entdeckungsreise ins weitgehend Unbekannte.« NEWS

»Ein spannendes Bilderbuch, das die Geschichte verändert.« KURIER

Die Kunsthistorikerin Sabine Plakolm-Forsthuber rekonstruiert die geschlechtsspezifischen Bedingungen, unter denen eine »Tochter aus gutem Hause« Malerin, Bildhauerin oder Architektin werden konnte. Ausgehend vom Dilettantismus und der schulischen Situation im 19. Jahrhundert, den ersten Versuchen, sich eigenständig in Vereinen zu organisieren und am Kunstmarkt zu reüssieren, zeichnet sie die Voraussetzungen und Erfahrungen der autonomen Künstlerinnen nach.

Die jähe Entwicklung führt von der Blumen-, Stil- und Genremalerei, also der typischen »Frauenkunst«, hin zu einer am Jugendstil, dem Expressionismus und an der heimischen Tradition orientierten Kunst von Frauen. Nicht zuletzt aus Gründen der Konkurrenz wurde sie einmal als »verweiblicht«, dann wieder als »Männerkunst« kritisiert. Sabine Plakolm-Forsthuber zeigt, wie diese geschlechtscharakteristischen Urteile gegenüber den Kunsthandwerkerinnen oder den expressiven Malerinnen entstanden, und daß es Vorurteile sind, die sie treffen mußten.

Sie dokumentiert das kaum mehr bekannte vielfältige Schaffen der häufig sehr liberalen Frauen mit Beziehung auf die relevanten Zeitstile und die aktuellen feministischen Paradigmen. Exkurse zu den Bildhauerinnen und Architektinnen runden den Band ab. Durch seinen ausführlichen Katalogteil ist er auch als Nachschlagwerk für die mehr als 100 Künstlerinnen verwendbar.

304 Seiten, 24 x 28 cm, 306 Farb- und SW-Abb., Leinen mit Schutzumschlag
ISBN 3-85452-122-7

Picus Verlag Wien

Robert Streibel (Hg.)
Eugenie Schwarzwald und ihr Kreis

Der reich bebilderte Band zeichnet das Wirken der Pädagogin und Intellektuellen Eugenie Schwarzwald nach, die nicht nur eine Pionierin der Mädchenbildung und Schöpferin zahlreicher karitativer Einrichtungen war, sondern in deren Salon sich die bedeutendsten Persönlichkeiten des Kulturlebens der ersten Jahrhunderthälfte trafen – wie Robert Musil, Elias Canetti, Egon Friedell und Peter Altenberg. Eugenie Schwarzwald liebte Menschen und schloß viele Bekanntschaften, sie entdeckte den Pianisten Rudolf Serkin; in ihren Sommerkolonien trafen sich Karl Popper, Paul Lazarsfeld, Helmuth von Moltke, Anna Freud, Lou Andreas-Salomé, Carl Zuckmayer und Jakob Wassermann. An ihrer Schule unterrichteten Künstler wie der Maler Oskar Kokoschka, die Tänzerin Grete Wiesenthal, der Architekt Adolf Loos, die Komponisten Arnold Schönberg und Egon Wellesz sowie Wissenschaftler wie Hans Kelsen.
Die von ihr begründete Schule in der Herrengasse formte Frauen, die Karriere in der Literatur und Kunst machten, wie Hilde Spiel, Alice Herdan-Zuckmayer und Elisabeth Neumann-Viertel, oder die eine erfolgreiche naturwissenschaftliche Laufbahn einschlugen.

190 Seiten, 22 x 28 cm, 169 Abb.,
Leinen mit Schutzumschlag
ISBN 3-85452-294-0

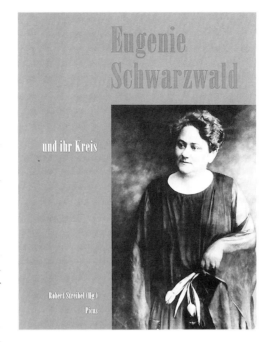

»*Ein wichtiges Kapitel österreichischer Kulturgeschichte wird hier gegenwärtig.*«
NEUE ZÜRCHER ZEITUNG

»*Ein Autoren-Team nimmt sich der Frau und ihres Kreises an, Verbund hochkarätiger Zeitgeschichtler, Soziologen, Pädagogen und Literaturwissenschafter. Eine Fülle wertvollen dokumentarischen Bildmaterials ergänzt das Buch.*«
OBERÖSTERREICHISCHE NACHRICHTEN

»*Ein Bildband voll der geistes- und kulturwissenschaftlichen Funde, besonders wertvoll für alle, die auf der Suche nach personellen und intellektuellen Querverbindungen sind.*« DIE FURCHE

»*Leben und Werk von Eugenie Schwarzwald werden in dem Buch in einzelnen Essays beschrieben, einen großen Teil des repräsentativen Bandes machen die Photos aus, die ien versunkene Welt wieder zum Leben erwecken.*« ORF

Picus Verlag Wien